北京名人故居地图

Beijing Mingren Guju Ditu

连欢◎主编

中国建材工业出版社

图书在版编目（CIP）数据

北京名人故居地图 / 连欢主编 . -- 北京 : 中国建材工业出版社 , 2022.5
ISBN 978-7-5160-3195-7

Ⅰ . ①北… Ⅱ . ①连… Ⅲ . ①名人 - 故居 - 介绍 - 北京 Ⅳ . ① K878.2

中国版本图书馆 CIP 数据核字 (2021) 第 181957 号

北京名人故居地图
Beijing Mingren Guju Ditu
连欢 主编

出版发行：中国建材工业出版社
地　　址：北京市海淀区三里河路 1 号
邮　　编：100044
经　　销：全国各地新华书店
印　　刷：北京天恒嘉业印刷有限公司
开　　本：710mm × 1000mm　1/16
印　　张：19.5
字　　数：240 千字
版　　次：2022 年 5 月第 1 版
印　　次：2022 年 5 月第 1 次
定　　价：98.00 元

本社网址：www.jccbs.com，微信公众号：zgjcgycbs
请选用正版图书，采购、销售盗版图书属违法行为

前　言

北京名人故居，永远是一个意犹未尽的话题。

北京作为举世瞩目的历史文化名城，自古人才荟萃、名人辈出，漫步于幽静的胡同深处，不经意间推开一扇斑驳的院门，就有可能寻觅到一个叱咤风云的历史人物和一段非比寻常的往事。

谁能想到，在北京西单繁华商业圈西边的不远处，有一个不起眼的院落（文华胡同 24 号），曾经谱写了中国共产党发展史册中一页闪亮发光的篇章。这里曾是中国共产党早期及其主要创始人之一李大钊的重要活动地，是中国共产党建党和领导革命运动的见证地，是具有重要人文和历史价值的红色教育基地。

谁又会想到，在北京阜成门附近的一个寻常院落（阜成门内西三条 21 号），与中国现代文学的奠基人之一鲁迅先生密切相关，鲁迅不仅在此创作出了《彷徨》《朝花夕拾》等重要著作，还演绎了一段颇为曲折浪漫的爱情佳话。驻足于鲁迅那间略显局促的书房兼卧室，有如时光穿越，让人们不仅看到了一个革命的、文学的、历史的鲁迅，也看到了一个立体的、有着七情六欲、普通男人心的鲁迅。

在繁华的王府井大街附近，随意步入一条看似普通的胡同，也许脚下就有无数名人走过的足迹，最富传奇的莫过于北京史家胡同，“一条胡同、半个中国”是对这条胡同的真实写照。726米长的胡同，80多座青砖灰瓦的院落，清末民国期间，是皇亲国戚、商业巨贾、名媛才子及社会贤达的聚集之地。中华人民共和国成立后，国家领导人、著名民主人士和众多文化艺术名家也在此留下了值得追寻和回味的工作与生活往事。走进不长的胡同，犹如游走在没有尽头的历史风景画廊，扑面而来的是无数传奇故事。

北京的名人故居数量居全国之首，其中列入全国重点文物保护单位的有3处，列入北京市重点文物保护单位的有42处。每一处故居，都是一道独特的历史文化景观，无不让人产生抚今追夕、继往开来之感，从中品味和感知故居的丰富内涵和独特魅力。

本书以北京对外开放且有代表性的名人故居作为切入点，通过对故居建筑特色、内部空间和院中饰物的细节挖掘，延伸出发生在故居中的典故和往事。书中的照片，除极个别的是引用史料外，其余皆为作者实地拍摄。每处故居介绍均配有实地拍摄的视频，读者扫描二维码便有身临其境之感，文字、图片与视频相结合，也是本书与时俱进的一种尝试。此外，本书还配有一幅北京名人故居游览示意图，一图在手，游览路线和行程尽在其中。

作者本人非专业学者，仅从游客的角度记录下个人的观察和感悟，编写过程中如履薄冰，惟恐出现失误，但水平所限，书中难免出现疏漏甚至错误之处，恳请读者批评和谅解。读者建议可直接留言信箱 bjmrgj2020@163.com，以便本人进一步学习和修订。

目录

宋庆龄

故居

故居地址

北京市西城区后海北沿 46 号

【人物生平】

宋庆龄（1893 年 1 月 27 日—1981 年 5 月 29 日），原籍海南文昌（今），生于上海。

中华人民共和国名誉主席。

中华人民共和国副主席。

全国人民代表大会常务委员会副委员长。

全国政协副主席。

中华全国民主妇女联合会名誉主席。

中华人民共和国全国妇女联合会名誉主席。

中国人民对外友好协会名誉主席。

中国人民保卫儿童全国委员会主席。

世界和平理事会理事。

亚洲及太平洋联络委员会主席。

伟大的爱国主义、民主主义、国际主义和共产主义伟大战士。

举世闻名的二十世纪的伟大女性。

【人物评价】

完美的妻子。

——孙中山

宋家飞出的金凤凰。

——毛泽东

国之瑰宝。

——周恩来

唯菊与石，品质高洁；唯菊与石，天生硬骨。

——何香凝

一朵永不凋谢的花朵，永远使人鼓舞，永远使人感到她的存在。

——［新］路易·艾黎（著名作家）

外表是一朵柔美的花，内心却是一头力图冲破落网的雄狮。

——［法］罗曼·罗兰（诺贝尔文学奖得主）

中国的圣女贞德。

——［美］史沫特莱（著名记者）

多亏我结识了宋庆龄，她的坚贞不屈，勇敢忠诚和她的精神美，是活的中国最卓越的象征。

——［美］斯诺（著名记者）

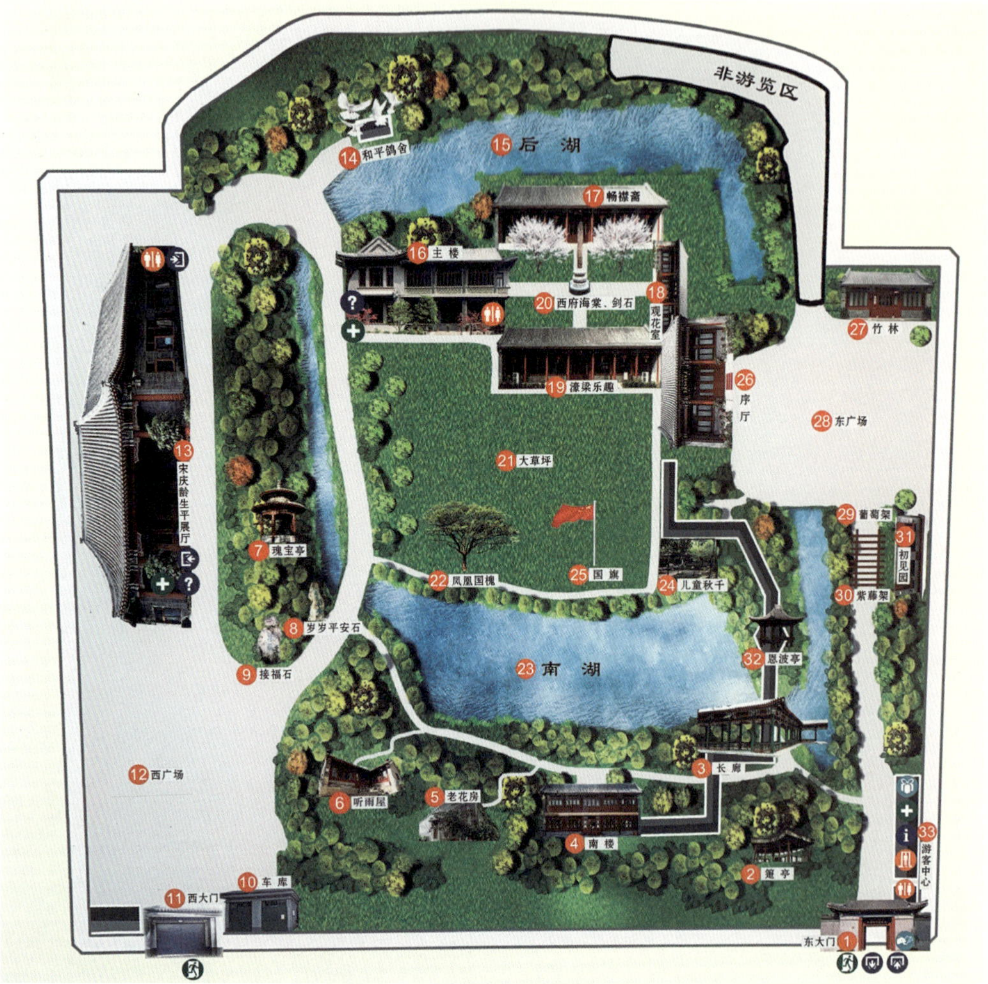

非游览区
14 和平鸽舍
15 后湖
17 畅襟斋
16 主楼
20 西府海棠、剑石
18 观花室
19 濠梁乐趣
26 序厅
27 竹林
28 东广场
13 宋庆龄生平展厅
21 大草坪
7 瑰宝亭
22 凤凰国槐
25 国旗
24 儿童秋千
29 葡萄架
31 初见图
30 紫藤架
8 岁岁平安石
9 接福石
23 南湖
32 恩波亭
3 长廊
12 西广场
6 听雨屋
5 老花房
4 南楼
33 游客中心
2 箑亭
10 车库
11 西大门
东大门 1

故居导览图

【故居基本格局】

故居原为清代四大王府花园之一，古建为砖木结构，楼台亭阁，王府风格，建筑面积 2000 余平方米。庭院南、西、北三面均有土山，土山内侧有由后海引入、绕园一周的活水，其中南湖为较大的一处水面。原王府花园内濠梁乐趣、畅襟斋等一组清代建筑，现已恢复宋庆龄生前居住时的原状（大客厅、大餐厅）。

古建筑群以西有一处中西合璧两层楼，其主体建筑系宋庆龄的寓所（后建），此现代建筑为钢混结构，由著名建筑专家梁思成设计，兼办公、会客，称主楼，内有原状陈列。建筑群与南湖之间为草坪，草坪上设有旗杆，悬挂 2 号国旗。南湖南岸的明代两层楼建筑称南楼。南山东侧有箑亭；西侧有听雨屋。其中有长廊迂回曲折，纵贯南北，连接南楼与北建筑群。连接长廊的有恩波亭，西侧土山上建有瑰宝亭。新文物库依西侧大墙而建，宋庆龄生平展设立于新建文物库一层，2009 年竣工。

【胡同介绍】

严格来说，后海北沿算得上是北京最独具特色的胡同之一。因为它的一侧是绿波荡漾的后海，而另一侧则是保留完好的众多具有历史人文气息的院落。

什刹海一侧景色

故居外道路

【故居历史】

清康熙年间，初建明珠府第。

清乾隆年间，明珠府第易为和珅别院。

清嘉庆年间，和珅别院改为成亲王永瑆王府花园。

清光绪十四年（1888 年），成王府改为光绪父亲醇亲王奕譞府邸花园。

清末为末代皇帝溥仪的父亲醇亲王载沣的王府花园，即摄政王花园。

1961 年，由周恩来总理亲自筹划，藉醇亲王府花园，葺旧更新，新建一座仿古式两层主楼，作为宋庆龄在北京的寓所。

1963 年 4 月，宋庆龄乔迁于此。

1981 年 5 月 29 日，宋庆龄逝世。同年 10 月，宋庆龄故居被命名为“中华人民共和国名誉主席宋庆龄同志故居”，并由国务院确定为全国重点文物保护单位。

1982 年 5 月 29 日，宋庆龄逝世纪念日之际，由邓颖超亲自揭幕，故居正式对公众开放。

2011 年 6 月 15 日，宋庆龄故居被评为北京市第二批“红色旅游景区”。

宋庆龄故居
Former Residence of Soong Ching Ling
宋庆龄故居位于什刹海后海北沿46号。是一座秀丽的园林庭院。故居原是清末代醇亲王载沣的府邸花园。现为全国重点文物保护单位。宋庆龄同志自1963年迁居于此，一直工作和生活到1981年逝世。故居1982年开始对外开放，保留了宋庆龄同志生前工作、生活起居的原状。周恩来总理曾赞誉宋庆龄是“国之瑰宝”。
Former Residence of Soong Ching Ling is located at No. 46 of Shichahai Beiyan. It is a beautiful garden. The place used to be the garden of Prince Chun's Mansion. Now it is one of the national key cultural relics protection sites. Soong Ching Ling moved into the place in 1963, and worked and lived here until she died in 1981. The former residence was opened to the public in 1982. It maintains the working and living conditions of Soong Ching Ling, who is praised by former Premier Zhou Enlai as "the treasure of the country".
송경령고거(宋慶齡故居)는 십찰해 후해북연(后海北沿) 46호에 위치해 있는 아름다운 원림정원이다. 청말기(清末)에는 순친왕(醇親王) 재풍(載沣)의 저택화원이었다. 현재는 전국중점운물보호지로 지정되어 있다. 송경령은 1963년부터 여기로 거처를 옮겨 1981년 돌아가실 때까지 계속 이곳에서 생활하였다. 고거는 1982년부터 대외로 오픈되어 송경령 생전 근무,생활의 원모습을 보존하였다. 주은래(周恩來)총리는 송경령이 "국가의 귀옥" (國之瑰寶)이라고 칭찬하였다.
都市之旅 美丽西城
City Tour Charming Xicheng

【故居看点】

看点一：匾额

故居题字有三处：故居大门口匾额为舒同所题；东广场西侧匾额为启功题写；主楼西墙匾额为周而复题写。

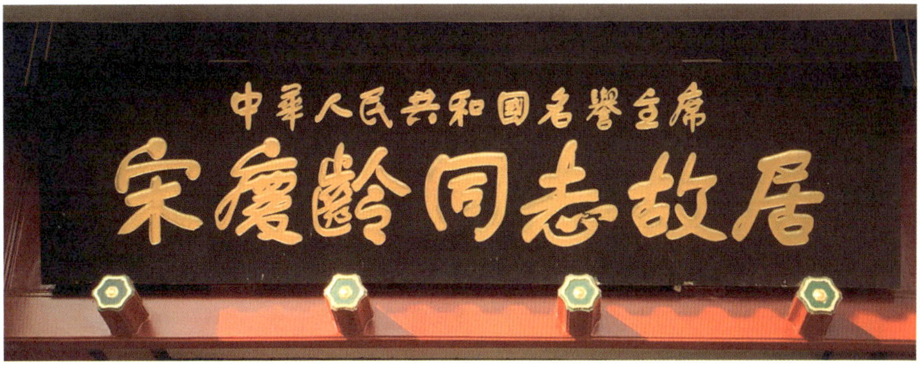

故居大门匾额（舒同题写）

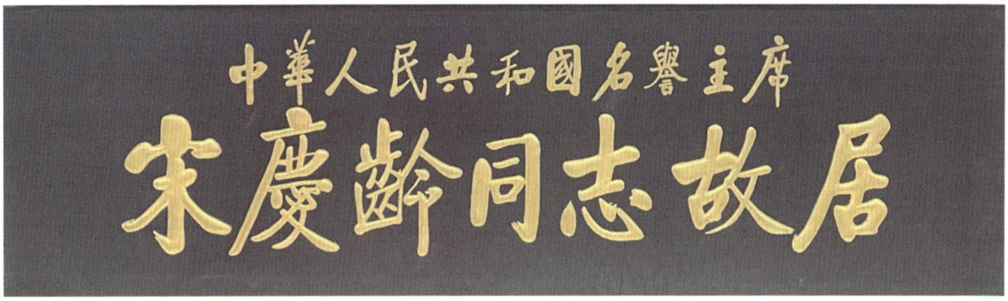

东广场匾额（启功题写）

主楼西墙匾额（周而复题写）

看点二：龙眼葡萄

东甬道有一架龙眼葡萄，是宋庆龄住在方巾巷时所植。1959 年，这架龙眼葡萄移栽至什刹海前海西街，1963 年，又跟随她来到这里。每年中秋——葡萄成熟的季节，宋庆龄会亲自采摘葡萄招待客人。

龙眼葡萄架

东广场雕像

生平展序厅雕像

生平展结尾处雕像

看点三：雕像

宋庆龄汉白玉雕像有三处：其一的东广场头像和其二的宋庆龄生平展序厅坐像为中央美术学院雕塑家张得蒂、张润垲夫妇二人设计，雕像即保持了宋庆龄的神韵，又紧密结合宋庆龄故居的环境，突出了“家”的感觉，雕像中的宋庆龄身着裙装，雍容典雅，高洁而又慈祥，睿智而又庄重，表现了她的伟大精神、高贵品质和超常智慧，成为她的精神、事业不朽的象征；其三的生平展结尾处的雕像为著名华裔雕塑家王维力的作品，也是宋庆龄故居的第一个雕像。

看点四：主楼前石榴

主楼草坪前摆放的几盆石榴树，也是随宋庆龄一同乔迁于此的。每年秋天，红灯笼似的石榴果压弯了树枝，十分惹人喜爱。有一次，宋庆龄听说有人摘了没有熟透的石榴，就亲自写了条子：不要随便摘石榴，要留着让来宾们观赏。

看点五：凤凰国槐

凤凰国槐位于主楼草坪前，树冠阔如巨伞，枝垂匐地，树荫近百平方米，主干围长 3.5 米，树龄有 500 多年，被列为国家一级古树。宋庆龄生前常在二楼隔窗而坐欣赏她美丽的丰姿，宋庆龄觉得她像一只展翅回首的凤凰，遂取名为“凤凰国槐”。

看点六：旗杆

位于故居主楼草坪前的旗杆高 16 米。由于宋庆龄生前经常在住所内会见外国元首、政府首脑和外国友人，于是经国务院批准，这里升挂国旗的规格，与国务院、外交部的规格相同，这在历任领导人私人住宅中是独一无二的。1981 年 5 月 29 日宋庆龄逝世之后，这里曾降半旗致哀。

主体建筑全景

看点七：主体建筑

主体建筑的前厅“濠梁乐趣”，其原址是“益寿堂”（改建时匾额不知去向）。“濠梁乐趣”匾是后移至此，原来挂在现在草坪南端戏台的南侧，前临南湖，因借用《庄子·秋水》篇里“知鱼之乐”的典故而得名。

“濠梁乐趣”是宋庆龄生前的大会客厅，如今是宋庆龄生平展的第一展厅。后厅是“畅襟斋”，全园中的主房，是大餐厅，现在是宋庆龄生平展的第二展厅。东厢房是“观花室”，西厢房

濠梁乐趣

观花室

听鹂轩

是三卷棚勾连搭的“听鹂轩”。在改建宋庆龄寓所时，切去了西厢房西面的二卷，将“听鹂轩”牌匾移至“畅襟斋”的东耳房上，保留东面一卷与新建的二层灰筒瓦绿剪边歇山重檐的主楼巧妙套接，浑然一体，而主楼的内部装饰均为西式。

故居二层主楼的原址上曾有一座四方古建庭院，三排房舍，前文提到的“畅襟斋”的牌匾为翁同龢手笔，“濠梁乐趣”“观花室”“听鹂轩”的牌匾为载沣（溥仪的父亲）的老师缪嘉玉所题。

看点八：畅襟斋

这所四合院是醇亲王府的原有建筑，载沣和全家曾在这里居住10年。1924年，冯玉祥逼宫事件后，载沣携全家流亡到天津。1939年因天津发大水，住宅被淹，载沣又带着全家老小回到北京，结束了整整11年的流亡生活。当时的醇亲王府已失去昔日的繁华，一片荒凉，家丁由原来的一百多人，减至不足二十人，载沣全家只能居住在西花园内。

据说，在畅襟斋的后面，依旧悬挂着康熙皇帝御笔的“五峰挺秀”匾额。按照清朝的规制，皇帝为王公大臣的题字是不得私自转赠的，可见“五峰挺秀”应当是明珠府第的遗物。

看点九：西府海棠

西府海棠是醇亲王府花园中的古树，距今已有 200 余年的历史。西府海棠树围 250 厘米，树高 6 米，冠幅 9 米。海棠被誉为“国艳”，西府海棠为海棠中的上品。到了秋天，海棠树结满了金黄色的果实。宋庆龄生前在海棠花盛开的时候，经常邀请友人来院内赏花。美国援华医生马海德夫妇就曾经在这两棵海棠树下和宋庆龄一起赏花饮宴。在果实成熟的时候，宋庆龄用它制作海棠酱，分给身边的工作人员品尝。如今每每果实熟了，人们不去采摘，倒是园子里的燕子、喜鹊权当自己的美餐享用了。

地上掉落的海棠果实

西府海棠和剑石

看点十：剑石

按照中国的民间风俗，四合院四门相对是不吉利的，四合院中间的剑石起到影壁的作用。石座最下面是龙座，龙座的周身刻有六条龙，三个龙头，俗称“暗九龙”，按中国习俗对龙的解释，五爪为龙，四爪为莽，龙身积聚了十种动物的特征：“牛头，鹿角，眼如虾，鳄鱼嘴，泥鳅须，蜥蜴舌，鹰爪，蛇身，麒麟尾，身披金鱼甲”。此处剑石刻的龙是五爪龙，按照清代皇室规格，五爪龙只能在皇宫出现，所以这是皇宫之物。据说，这个石墩来自于圆明园。中间是佛教的须弥座，上面刻有六条草龙。上面是佛教莲花座，莲花座在佛教中是清洁、清静的意思。在醇亲王府时期，石座上原立有日晷，因年久失修，自然损坏后，换成这块火山岩风化形成的石头，有人称它为“白果石、瓜子石，或石笋石”，从整体看像把剑，故称“剑石”，也有镇宅的寓意。

看点十一：和平鸽舍

宋庆龄在世时，养鸽、赏鸽带给了她无穷乐趣。孙中山先生生前也爱鸽子，于是养鸽成了夫妇二人的共同爱好。在工作之余，宋庆龄常来喂它们。她与鸽子以独特方式联系——听到她的叫声，鸽子就会聚在她的周围啄食，或凝望她，俨然是好朋友。宋庆龄先生病重时，还让工作人员用轮椅推着她到鸽舍前欣赏爱鸽，聆听鸽子咕咕的叫声。1951年后的国庆节，国家曾借用宋庆龄饲养的鸽子在广场放飞，这些鸽子认得家，在天安门上空飞行几圈后，就向北飞到宋庆龄的住所。

宋庆龄辞世后的20余载里，她所钟爱的40多羽鸽子仍被工作人员悉心照料，在她的故居里晨出暮归。

如今，鸽子队伍已经壮大，品种也很多，尤为引人注目的是稳拿国际信鸽事业（天津）有限公司向故居捐赠的世界名系种鸽。分别以“和平、友谊、回归、统一”等命名，以此表达对宋庆龄的敬仰爱戴和向往祖国统一的美好心愿。

和平鸽舍

宋庆龄
Soong Ching Ling Feeding Doves
宋庆龄生前喜欢饲养鸽子，因为鸽子象征和平，还为纪念孙中山——他也喜欢鸽子。
Soong Ching Ling was fond of keeping doves, the symbol of peace. And, it was also to the memory of Sun Yat-sen who liked doves too

和平鸽舍介绍

看点十二：宋庆龄生平展厅

新文物库依西侧大墙而建，宋庆龄生平展在新建文物库一层，2009 年竣工。该展览的框架由廖承志拟定，经多次改陈越加完善，图文并茂展示宋庆龄伟大光荣的一生，包括 300 多件历史文物。展览共分为 12 个版块，分别为孙中山先生、求学立志、风雨同舟、继承遗志、团结抗战、迎接曙光、杰出领袖、心系人民、和平使者、缔造未来、国之瑰宝和事业延续。

生平展入口

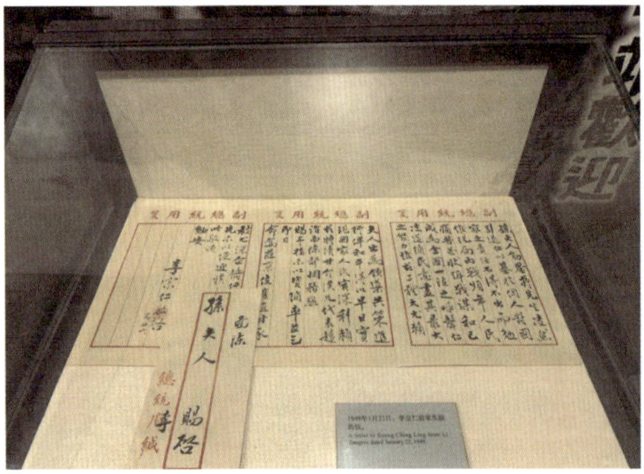

李宗仁亲笔信

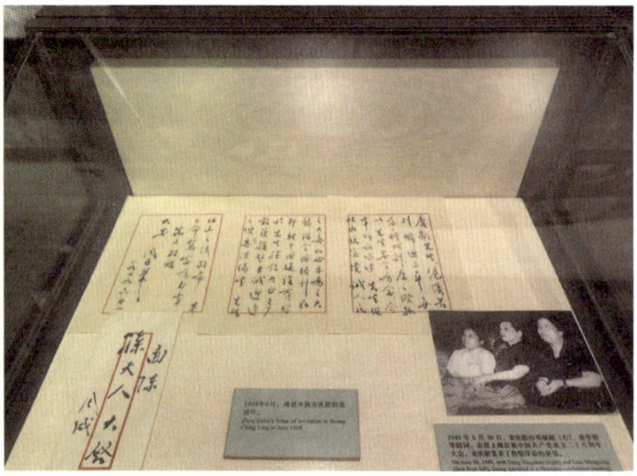

周恩来总理的邀请信

宋庆龄援助转运到延安的 X 光机

斯大林送给宋庆龄的吉斯牌轿车

看点十三：接福石

接福石位于西山南麓，清代醇亲王府西花园旧物，“接福”二字以篆体刻于太湖石上，石后栽种青松，寓意接纳福气，诸事顺遂。

接福石

看点十四：石榴桩景

在西山南麓，有一盆老石榴桩景，更为宋庆龄所钟爱。这盆石榴桩是清代皇宫之物，植于乾隆年间，至今已有200多年历史。紫砂盆是明代遗物，被人们誉为“国宝盆景”。

石榴桩景

看点十五：岁岁平安石

自宋庆龄故居二层主楼西门出而南行，小桥南的西侧，有一形态奇瑰的太湖石，上面刻着“岁岁平安”四个大字，遒劲有力，相传出于成亲王永瑆（乾隆皇帝第十一子）之手。永瑆自幼酷爱书法（著有《贻晋斋正·续集》），他的小楷行笔温润，横画纤细，竖画较粗，显得端庄而富于变化。永瑆将每个“岁”字里面的“少”都写成“小”，意思是每过一年不是少一岁，而是小一岁，希望越活越年轻。“岁岁平安”表达人们最朴素的祝福，宋庆龄生前常请中外友人在此留影纪念。

看点十六：西山松

在“岁岁平安”石南边的西山脚下，有一棵不高的马尾松，是宋庆龄迁居这里的第一年圣诞节前夕为了在圣诞节招待外国朋友和孩子们，请工作人员从西山苗圃选来做圣诞树的。1964 年早春，宋庆龄发现它的针叶多有枯黄，就让工作人员栽在这里，时常来观赏并关心着它的成长。

国之瑰宝

看点十七：瑰宝亭

瑰宝亭位于西山南麓，建于 1993 年。宋庆龄诞辰 100 周年之际，宋庆龄的生前好友著名书法家、原佛教协会主席赵朴初为匾额题字，寓意为“国之瑰宝”。瑰宝亭的石雕、木雕、彩画均雕以梅花，特别是双重圆檐上的十幅国画梅花是宋庆龄生前好友廖仲凯先生的夫人何香凝女士所绘，以寓宋庆龄的品质高洁而不染，凌寒傲雪而不娇，领发百花而不矜。

西山松

瑰宝亭全景

瑰宝亭梅花图

看点十八：听雨屋

听雨屋位于南山西侧，系醇亲王府花园原有建筑，它与“箑亭”左右呼应，隐寓风调雨顺之意。载沣（溥仪父亲）的弟弟载洵善书法，“听雨屋”为载洵所题。

听雨屋近景

听雨屋全景

南楼外景

看点十九：南楼

南楼系王府花园原有建筑。这座二层砖垒小楼，外墙采用古代的“磨砖对缝”工艺砌成，表面看上去没有任何粘接物，这体现了我国古代建筑的精湛技术。一层由正门入，二层则沿游廊攀上。据说，当年明珠的儿子纳兰性德经常邀请一些文人墨客在此吟诗作赋。额匾上“南楼”同为载洵所题。

明开夜合花

看点二十：明开夜合花

南楼台阶旁的“明开夜合花”，是纳兰性德当年亲手栽植于楹前的数株之一。

子抱母树

看点二十一：子抱母

这株国槐主干旁的新枝将老干合围，宋庆龄身边的工作人员形象地称它为“子抱母”。经国家园林局认定，这株子抱母已有上百年的历史了。早在清代醇王府花园时期，这里已树木成荫。当年载沣很欣赏什刹海里的荷花，也想在园内南湖种植。后听说种荷花需要充足的日照和良好的通风，种花就要把南湖周围古树砍掉，载沣不舍得，只好放弃种植荷花的念头。

看点二十二：箑亭

箑亭位于南山东侧，清醇亲王府花园原有建筑，形状若一柄打开的扇面。“箑（shà）”字是个古字，原来是扬州方言中“扇”的读音，后来因为南北方文化的交流传到北方，成为扇子别名。匾额上“箑亭”两个字是醇亲王奕譞所题。这种建筑形式仿江南著名园林狮子林中的“扇亭”而建的，在北京的王府园林中独一无二。“扇亭”位于王府花园的东南角，这个位置在八卦中是“巽”位，有风的意思，它与西侧的“听雨屋”各据一方，遥相呼应，有风调雨顺的美好寓意。步入亭内可俯瞰全园及后海景色。

箑亭全景

箑亭的台阶

看点二十三：恩波亭

恩波亭位于长廊中部，清康熙年间大学士明珠府邸花园“渌水院”中“渌水亭”遗址。曾有诗云：“繁华故迹付尘缁，过客瞿然鬓已丝。检点名家三百载，只今犹诵纳兰词”。

清嘉庆年间改建为成亲王府后，破例允准成亲王府引玉河水入园。玉河水自玉泉山引水入城，经过六海，即西海、后海、前海、北海、中海、南海进入皇宫，该水为皇宫专用水源，禁止任何人使用。醇亲王府花园在清朝是皇城内除皇家宫苑外，唯一引玉河水入园的王府花园。为此，永瑆修建了这座六角攒尖顶的“恩波亭”，以谢皇恩。

恩波亭远景

恩波亭近景

看点二十四：紫丁香

故居长廊旁的紫丁香为宋庆龄生前所钟爱，赞花香独特，胜似玫瑰，她曾亲自采摘、剪枝并制作插花。

看点二十五：儿童秋千

故居内的这架儿童秋千是宋庆龄生前亲自指示工作人员架设的。因为每逢节假日，她都亲自邀请工作人员的孩子和周边幼儿园的小朋友到这里嬉戏玩耍，和他们一起过节。平时，这架秋千也是供小朋友们娱乐用的。

【结语】

从宋庆龄故居东大门走入，阳光如流水般透过斑驳的树影洒在地面。坐在被阳光温暖过的座椅上，不知从哪个方向吹来一阵暖暖的风，仿佛春天一般。

曾经的王府花园，几度浮沉，但基本的格局并未有太大变化。典型的中式庭院，错落有致，亭台楼阁，一应俱全，有南方庭院的雅致，也有北方庭院的开阔。一切看似陈旧，却很鲜活，看似古朴，却也现代。闲庭漫步，十分惬意。

院子里摆放了许多盆栽花木，其中有周恩来总理与夫人邓颖超同志赠送的石榴；朱德委员长与夫人康克清赠送的兰花；陈毅副总理赠送的榕树盆景；廖承志副委员长送的凤尾葵；傅作义委员长送的腊梅；美国著名作家埃德加·斯诺赠送的梅花等等，让院子显得更加生机勃勃。

【延伸阅读】

毛泽东致亲笔信邀宋庆龄进京

庆龄先生：

重庆违教，忽近四年。仰望之诚，与日俱积。兹者全国革命胜利在即，建设大计，亟待商筹，特派邓颖超同志趋前致候，专诚欢迎先生北上。敬希命驾莅平，以便就近请教，至祈勿却为盼！专此。

敬颂

大安！

毛泽东

一九四九年六月十九日

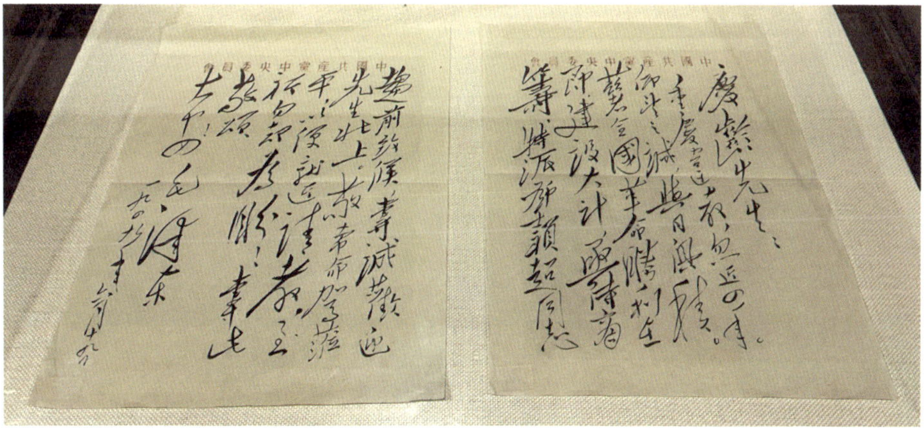

毛泽东亲笔信函

毛泽东主席的盛情相邀，使宋庆龄深为感动，欣然同意北上。1949年8月28日，毛泽东亲率党和国家领导人亲自来到北京前门火车站迎接宋庆龄的到来。当日下午4时许，宋庆龄乘坐的2252次专列徐徐驶进前门火车站。列车到站停稳后，她身穿黑色旗袍，步履轻盈，仪态优雅地走出车厢，与毛泽东主席亲切握手致意，欢迎人群爆发出热烈的掌声。

小厨房

从宋庆龄寓所二楼小厨房的布置可以看出，她对生活充满了热情和期待。小厨房中的灶具等物品都是宋庆龄亲自摆放并使用的，一个电炉，一台老式冰箱，还有一张桌子，上面摆放着各种厨具和配料瓶。其中一个瓶子上还有她标注的“肉蔻”中英文字样，由于宋庆龄经常工作到深夜，夜间保姆会在这个小厨房里为宋庆龄做一些简单的夜宵，她闲暇时也会自己动手做一些小菜，分给工作人员品尝。

小厨房

俭朴的生活

宋庆龄为人十分谦逊质朴，对于国家给她修建新住所的安排不止一次表达过不安。搬迁新居的当天，她致函德国友人王安娜：“我现在搬到北海（后海）去住了，你知道吗？就是溥仪出生的那个府邸。屋子周围有一条小溪、几座假山，还有一片令人心旷神怡的草地，这在北京是很少的。我认为房子太大了，但他们却一直认为，它能

卧室兼办公室（一）

卧室兼办公室（二）

为我提供足够的活动场地，还有新鲜空气。”

实际上，宋庆龄在这所漂亮房子里的生活却是十分俭朴的，在她的卧室兼工作间的房子里，使用着很多陈旧的家具。办公桌后面的椅子和椅套已多处磨破。桌旁的地灯灯罩是她让工作人员用旧窗帘做的。她使用的两个皮摇椅，是从上海带到北京的，仅在北京就用了30多年。到她晚年，摇椅的皮面已经开裂、破碎。身边的同志劝她修一修，她却说还可以用，不让花钱修理。她的梳妆台，由于使用时间太长，两侧的镜子水银严重脱落，很不好看。同志们多次建议她修理或调换。她却指着中间的那面镜子说：“你们看，不影响用嘛！”于是一直使用到她去世。

最后一次公开亮相

1981年4月底，宋庆龄不幸被确诊为冠心病及慢性淋巴性白血病。这时传来消息，加拿大维多利亚大学决定授予她荣誉法学博士学位。考虑到她的健康状况，有关部门建议，请对外友好协会会长王炳南代表她接受学位证书。出于对远道而来

宋庆龄接受学士学位时穿的衣服

的贵客们的尊重，宋庆龄拒绝这个好意，坚持去人民大会堂出席这一庄严仪式。

5月8日，在人民大会堂，乐队高奏中加国歌，身着大礼服的维多利亚大学校长霍华德·佩奇博士亲手将学位证书交到宋庆龄手里。佩奇校长致辞后，宋庆龄没有允许工作人员播放她事先录制好的讲话，而是亲自用清晰流利的英语致答辞。她说：“我接受这一学位，不是为了我个人，而是把它看作是你们对中国人民的崇敬和友谊的象征。”她温和灿烂的笑容、雍容大方的举止，使人无法想象她正在重病之中。在场的人们怎么也想不到，这竟是她最后一次出现在公众场合。

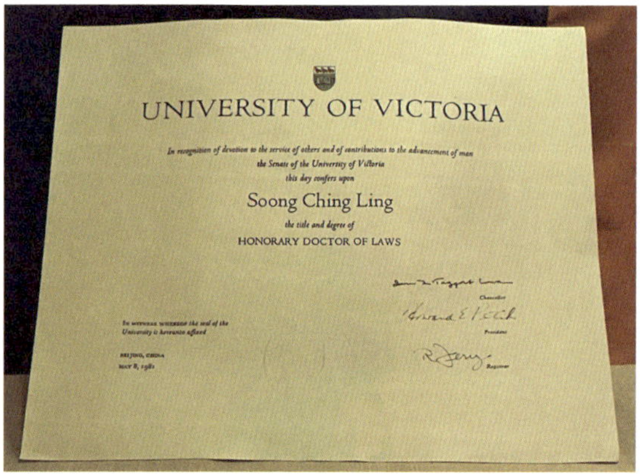

学位证书

1981 年 5 月 16 日，第五届全国人大常委会第十八次会议通过决定，授予宋庆龄中华人民共和国名誉主席称号。5 月 29 日晚 8 时 18 分，宋庆龄的心脏停止了跳动。

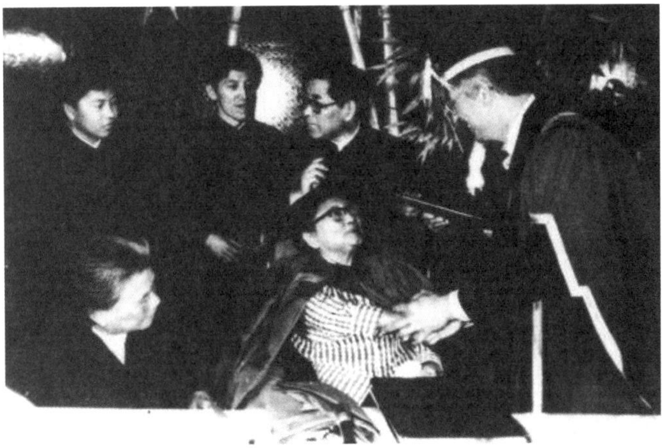

宋庆龄接受学士学位照片（资料图）

参观时间

9：00 ~ 16：30

（周一闭馆）

扫一扫可观看故居视频

李大钊

故居

故居地址

北京市西城区文华胡同 24 号

【人物生平】

李大钊(1889 年 10 月 29 日—1927 年 4 月 28 日)，字守常，河北乐亭人。

1907 年考入天津北洋法政专门学校，1913 年毕业后东渡日本，入读东京早稻田大学政治本科学习。

中国共产主义的先驱、伟大的马克思主义者、杰出的无产阶级革命家、中国共产党的主要创始人之一。

1918 年起任北京大学教授、图书馆主任。

1922 年受党的委托在上海与孙中山先生谈判国共合作，以共产党员的身份加入国民党。

1924 年任中国共产党的北方区执行委员会书记。

1927 年被反动军阀杀害于北京。

【人物评价】

温文醇懿，神似欧公。

——章士钊

《新青年》的同人中，虽然也有很喜欢明争暗斗、扶植自己势力的人，但他（李大钊）一直到后来，绝对的不是。

——鲁迅

君温良长厚，处已以约，接物以诚，为学不疲，诲人不倦，是以从游日重，名满域中。

——刘半农

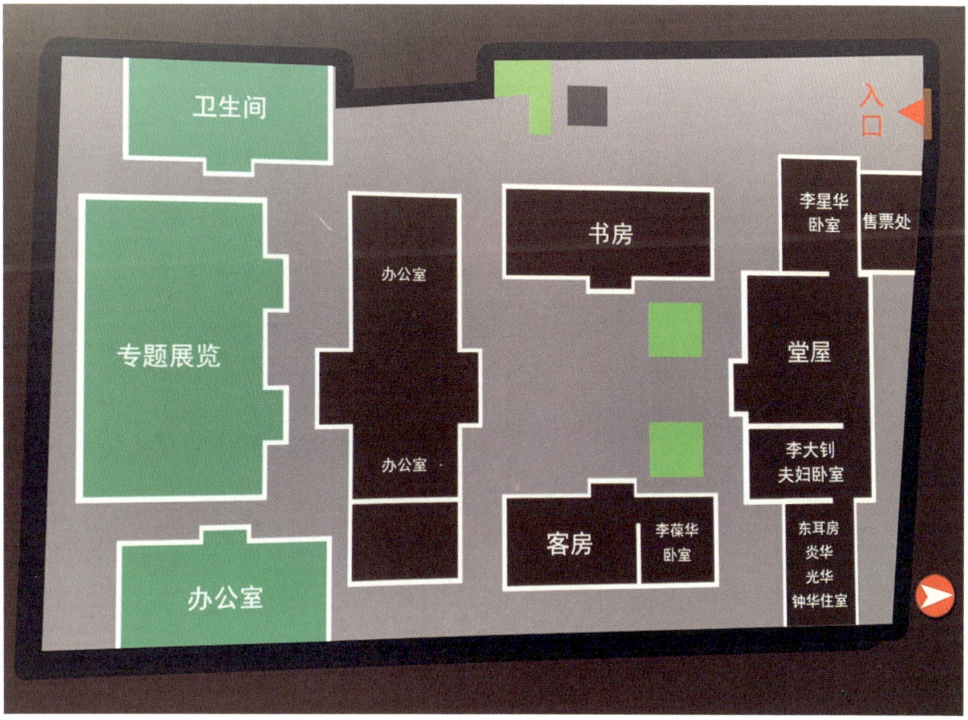

李大钊故居布局图

【故居基本格局】

李大钊故居是一座小三合院，占地面积约550平方米，有北房三间，正中为堂屋，西屋为餐厅，两间屋为一个通间，也是全家人的活动场所。东屋为李大钊夫妇的卧室。东、西耳房各两间，其中北房西耳房为李大钊的长女李星华的卧室。东耳房为李炎华、李光华、李钟华的卧室。另有东、西厢房各三间。东厢房北间为李大钊长子李葆华的卧室，另两间为通间，是李大钊家的客房。西厢房为李大钊的书房。屋外有两棵李大钊亲手种植的海棠树。南面原为花畦和盆花，现为展厅。

人口处雕像

东厢房

北房

西厢房和海棠树

展厅大门

展厅入口

【胡同介绍】

文华胡同位于北京市西城区南部，丁字胡同，东起佟麟阁路，西起闹市口中街，北至文昌胡同，胡同总长约300米，宽约5米。明朝属阜财坊，称石附马街后半边胡同，清朝属镶蓝旗，乾隆年间称后闸，宣统年间称石驸马后宅，又称后宅胡同。1965年整顿地名，为了纪念李大钊才改名为文华胡同。

文华胡同介绍

文华胡同

胡同街景 1

胡同街景 2

胡同街景 3

胡同街景 4

【故居历史】

2006 年 6 月 28 日，故居正式开始修缮，李大钊长女李星华、次子李光华和孙辈李建生、李虹、李乐群来到现场见证了这一重要时刻。李大钊故居于 2007 年 4 月 28 日，即李大钊英勇就义 80 周年纪念日之际对外开放。李大钊在北京工作、生活十年，先后居住过八个地方，1920 年春至 1924 年 1 月，李大钊一家在石驸马大街后宅 35 号（今西城区文华胡同 24 号）居住将近四年，这是他在故乡之外与家人生活时间最长的一处居所。这里也是中国共产党在北京当时的重要活动地点，中共北方区委的一些活动就在李大钊的家中进行，是中国共产党及其创始人的重要活动地，在党的历史上有着重要的历史地位和文物价值。1979 年 8 月 21 日，李大钊故居被公布为北京市重点文物保护单位。

看点一：原状陈列的北房

故居北房有三间，正中为堂屋，是两间屋打通的一个通间。正中有一个八仙桌，两旁放两张椅子，后边靠北墙有一个条案，上方摆放着一座老式钟和两只瓷瓶，有“终生平安”之意。

条案上方悬挂着一幅古画，“上面画的是一个年轻妇女坐在高山岭上，怀里抱着一个乐器，正在弹奏。在她的周围，四面八方全都被各种各样的飞禽走兽围满了，有的蜷伏在地上，有的趴在山岭的树枝上，有的在空中飞旋 。”（摘自李星华《回忆父亲李大钊》。）李大钊很喜欢音乐，所以很喜欢这幅画。

古画两边悬挂着李大钊手书的著名楹联：“铁肩担道义，妙手著文章”。李大钊十分敬重明代忠臣杨继盛的气节，也很欣赏他的“铁肩担道义，辣手著文章”这一诗句，便在此句基础上，取陆游文章一诗中的“文章本天成，妙手偶得之”的“妙”字，改成此句。李大钊很喜欢这副楹联，曾经多次书写，以此畅抒己志，此联也是李大钊一生的精神风范的真实写照。

在堂屋西南角有一部老式黑色电话，全家搬到此处时，李大钊任职北京大学图书馆主任，后来又兼任北京大学教授。“当时大学教授在社会上的地位很高，北京大学教授家中都有电话。胡适是东局 2429 号，守常是西局 2257 号。”（摘自吴家林《浅谈李大钊与胡适》。）

北房东侧是李大钊夫妇的卧室，靠南侧窗户下面是一个土坑，占了近半个房间的面积，为了方便夫人生活起居，当时李大钊先生按照老家的风格来进行布置。土炕上有一张方形炕桌，旁边放着一个针线笸箩，夫人赵纫兰常常在这张炕上做针线活。靠东墙还有一张长条炕寝，上面放着一床素色被褥。墙上挂着李大钊夫妇的照片。卧室内光线很好，透过窗户能看到整个院子。另一边的东墙上还挂着一幅画，是根据李

堂屋正中

东侧卧室入口

老式电话

大钊子女的回忆中重新绘制的。

东耳房是李炎华（李大钊次女）、李光华（李大钊次子）、和给光华喂奶的老王妈的卧室。后来又多了一位小钟华（李大钊小女儿）。李光华就出生在这里，在这里学会的说话和走路。

小女儿李钟华，在1岁多就不幸夭折了，罹患的是白喉这种疾病，因为医生没有诊断出来，耽误了治疗时间。小钟华去世后，李大钊很悲痛。

西耳房是李星华（李大钊长女）的卧室。李星华在这里居住时刚满9岁，每天都要跟着哥哥去上学。李大钊十分喜爱星华，总叫他星儿。还给她写过一首儿歌：

欲求精神好，身体运动不可少。

课后食毕常运动，勿畏烦和劳。

身体健、体力高，看我将来做英豪。

李大钊夫妇卧室的土炕

卧室挂画

李星华的卧室

李星华的书桌

看点二：原状陈列的东厢房

故居东厢房有三间，其中靠南的两间为一通间，为客房。瞿秋白、罗章龙、张太雷、邓中夏、陈愚生、秦德君等许多青年朋友曾在此借住。张太雷的夫人王一知曾回忆：“我在他家里住了近一个月，这是我终生难忘的一段生活。他圆圆的脸，面色有点苍白，细细的眼睛，留着胡子。脸上总露出笑容。他穿着一件灰色的旧棉袍，一点架子也没有。”

北侧的一间房间是李葆华（李大钊长子）的卧室，他 1920 年夏天到北京居住在此房间，是与父亲共同生活最长的地方。

在书架上有一本鲁迅的小说集《呐喊》，是 1923 年此书出版后鲁迅赠送给李大钊的那本，李大钊读罢，认为这本小说集非常好，十分珍视。回家后，特别对孩子们谈论了这本书的价值，让他们认真地读它。李大钊十分注意对子女的教育，希望他们成为“遇山不愁、逢水不惧”的革命者。

东厢房客房书桌

东厢房南侧客房

东厢房的隔扇

李葆华卧室

书架上摆放的《呐喊》

看点三：原状陈列的西厢房

西厢房三间，是李大钊的书房，由三间房合成的一个大通间，贴着三面墙壁排列着四个大书柜，东面窗户下，有一个大写字台，老旧的煤油灯、墨盒、笔架依然摆放在那里。对面还有二张条桌。这里是李大钊读书、写作和活动的地方。无论工作有多忙，回到家里后李大钊总要抽个把小时在这里读书和写作，从不间断。

西墙边还有一架黑色的旧风琴，是李大钊在宣武门内头发胡同的一个旧货市场买的。李大钊用这架风琴教孩子们学音乐，也在聚会期间给大家弹琴、唱歌，当时最爱唱的就是《国际歌》。

也曾在召开重要会议的时候弹奏它，用琴声掩盖重要会议的声音，防止敌人窃听。

书房

书房一角

旧风琴

【结语】

一个院子、两棵海棠、三排房子，四面围墙，基本就是现在看到的样子。很难想像在这个不算大的院子里曾经住过 30 多户居民，成为当时名符其实的大杂院。后经过多方的努力，长时间修缮后，李大钊故居终于重现了昔日风貌。

月前下的雪在院子外面几乎看不到了，这里似乎更清冷些，在海棠树下依然残留着初雪的痕迹。房前的布帘挡住寒风的侵入，从屋内透过窗户往外看，倒是别有一番滋味。远处林立的高楼诉说着时代的变迁，先生如能看到，这变化是否如他想像中的“青春之国家”一样呢？

“钊自束发受书，即矢志努力于民族解放之事业，实践其所信，励行其所知，为功为罪，所不暇计。”——这是李大钊的信仰和人生价值观，是终生不渝的追求和奋斗目标。为了自己的信仰，无惧生死，为革命事业献出了自己短暂而灿烂的一生。

【延伸阅读】

克俭朴实

李大钊先后在北京有8处住所，但没有为自己置买房产，一直租房居住。当时他任北大教授兼图书馆主任，收入是每月120块银元，改为教授后又提高了一些，又因为同时兼任五所大学的教授再加上稿费，最多时月收入能达到300块银元之多。当时的物价2银元即可买25公斤面粉。毛泽东主席曾说过，他在北京大学图书馆的那段时间，每月有8银元的工资就能解决生活问题。理论上讲，不管怎么说这些钱在当时来说维持家庭生活是没有问题的，而且可以过得很好。但是事实上，他没有这么做，他把这些钱大都用来接济贫困的进步学生、补充组织经费等方面。自己和家人却节衣缩食，有时甚至使夫人赵纫兰无法保证买米买菜度日的最低开支。蔡元培校长知道此事后，曾劝李大钊，但也无用，最后只好关照会计科，每月要直接给赵纫兰送去一部分李大钊的月薪，用来安排全家的度日之需。

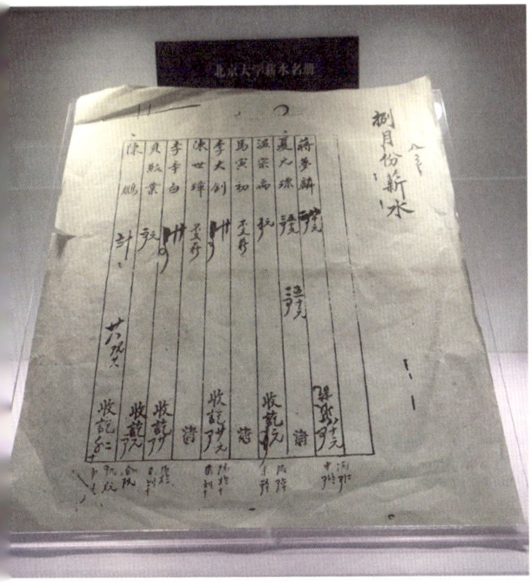

北大薪水名册

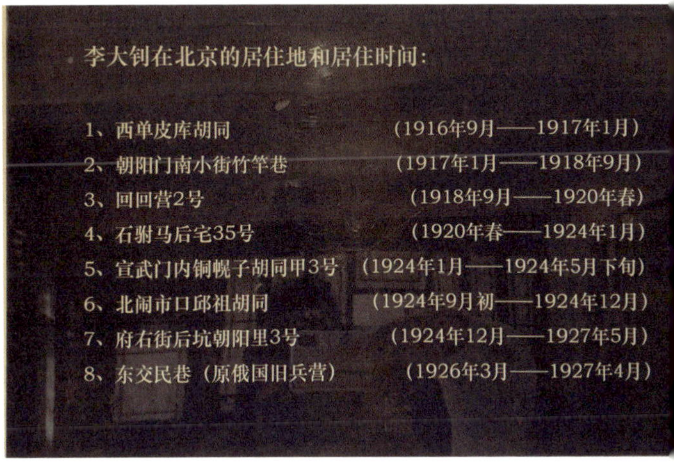

在京曾住地及时间

参观时间

9：00 ~ 16：00

（周一、周二闭馆）

扫一扫可观看故居视频

郭沫若

故居

故居地址

北京市西城区前海西街18号

【人物生平】

郭沫若（1892 年 11 月 16 日—1978 年 6 月 12 日），四川乐山人，原名郭开贞，字鼎堂，号尚武，笔名沫若、麦克昂等。毕业于日本九州帝国大学。

现代文学家、历史学家、新诗奠基人之一。

中国科学院首任院长。

中国科学技术大学首任校长。

苏联科学院外籍院士。

曾任中华人民共和国全国人民代表大会常务委员会副委员长。

中国人民政治协商会议全国委员会副主席。

【人物评价】

鲁迅自称是革命军马前卒，郭沫若就是革命队伍中人。鲁迅是新文化运动的导师，郭沫若便是新文化运动的主将。鲁迅如果是将没有路的路开辟出来的先锋，郭沫若便是带着大家一道前进的向导。

——周恩来

在我的脑子里郭老永远是精神饱满、生气勃勃的，意气风发、豪情满怀的……在他身上人们看到了战士、诗人和雄辩家，智慧、才能、气魄、热情和谐地结合在一起。我同郭老接触多年，印象最深的是他非常真诚，他谈话、写文章没有半点虚假。

——巴金

郭老给我的印象是平易近人，绝对没有给我留下“我是院长、我是科学家”的印象。中国过去讲三绝，即诗、书、画。我对苏轼做过统计，他诗、书、画、词、文，应该是五绝。可我对郭老就统计不出他有多少绝，总之他超过了苏轼。苏轼没有郭老在自然科学方面的造诣。

——季羡林

如果他说了十句，只有三句对了，那七句错的可以刺激起大家的研究辩证，那说对了三句，就为同时代和以后的人省了很多冤枉路。

——闻一多

郭沫若故居立体布局图

【故居基本格局】

占地面积7000平方米的故居大门坐西朝东，大门对面是砖砌一字影壁，故居大门上方悬挂着“郭沫若故居”金字牌匾，为邓颖超1982年9月题写。前院有两座小山，山下是防空洞。居住的院子位于北部，为大型四合院，入垂花门进四合院，由正房、耳房、东西厢房和后罩房组成，正房和厢房之间都有檐廊连接。

垂花门

正房

厢房

檐廊

【胡同介绍】

前海西街在地安门西大街东头路北，和千竿胡同相连。此处原为前海西沿，解放后把前海西南一部填平改为体育场（今为北京什刹海体育学校），西沿向东移，此处改称前海西街。前海西街曾与柳荫街一样同为河道，居下游，河道上曾有板桥、三座桥、响闸。中华人民共和国成立后河道改为暗沟，并铺设沥青路面，1965 年称前海西街。前海西街 17 号为恭亲王府，18 号为郭沫若故居。

胡同介绍

故居外道路

故居院内景色

【故居历史】

郭沫若故居曾是清代和珅的花园，又做过恭王府的草料场和马厩。但是和珅也好，恭王府也好，并未留下任何建筑。现在的院子是民国初年兴建的，最初的主人是达仁堂乐氏，民国时达仁堂乐家从恭亲王后代手中买来作为宅院。民国年间，恭亲王的后代把王府和花园卖给辅仁大学，把此处卖给达仁堂乐家药铺做宅园。据乐氏后人介绍，院子里的两座小山是建房时挖地基的土堆起来的。1949 年后，达仁堂将宅院捐献给国家，这里先后成为蒙古人民共和国驻华使馆和宋庆龄的住所。20 世纪 50 年代中期，使馆迁出，院子一割为三，西院另作它用，东院就是如今的郭沫若故居。

郭沫若逝世以后，郭沫若著作编辑出版委员会于 1979 年迁入本院，随后不久酝酿组成了“郭沫若纪念馆筹备小组”。1982 年 2 月中共中央书记处决定把郭沫若这个晚年的居住地定名为“郭沫若故居”，同年 8 月经国务

土山

达仁堂私宅使用过的水井

院批准，“郭沫若故居”列入全国重点文物保护单位。

1982 年 11 月 16 日，郭沫若诞辰 90 周年时，“郭沫若故居”举行定名揭幕仪式，同时举办了短期的郭沫若生平展。1988 年 6 月 12 日，在纪念郭沫若逝世 10 周年之际，“郭沫若故居”正式对外开放，由中国科学院、中国社会科学院和全国雕塑规划小组共同建造的郭沫若全身铜像在故居的草坪上落成，时任国家副主席王震为之揭幕。

【故居看点】

从繁华的什刹海进入郭沫若故居，有种大隐隐于市的想法跃进脑海中，一面墙，恍惚中隔出了两方天地。院外的一字影壁依然长长久久地耸立着，看尽世事变迁、人来人往。气派的广亮大门跟影壁遥相呼应，诉说着曾经的辉煌。

郭沫若题写的诗

百花齐放百鸟鸣，贵在推陈善出新。看罢牡丹看秋菊，四时佳气永如春。——正院大门正对的影壁墙上郭沫若先生亲笔题写的诗。

看点一：匾额

故居大门上方悬挂着“郭沫若故居”金字牌匾，为邓颖超 1982 年 9 月题写。

看点二：铜像

在郭沫若纪念馆庭院中的草坪上，其全身铜像是中央美术学院教授司徒兆光创作的。铜像神情怡然，似在小憩，又似沉思。纪念馆馆长郭平英介绍说，郭老生前也爱在院子里这样坐坐、看看。为了塑造出这一尊铜像，司徒兆光花了三年时间研究资料、征求意见，并且别具匠心地把塑像放在院落里而不是进门入口。因为郭老生前最爱银杏树，将塑像放在银杏树下，铜像才像活了一般，为纪念馆增添了一种诗意。

铜像正面

铜像背面

看点三：妈妈树

宽阔的庭院中草木繁盛、郁郁葱葱、生机盎然，郭老生前最爱银杏树，全院十棵银杏树，秋阳之下金灿灿的，浑如十只金色孔雀展开了它们华美的尾翼。

这十棵银杏中，有一棵是从大院胡同 5 号移来的，种在草坪中央最突出的地方，它叫“妈妈树”，是这个家庭中不可缺少的一个组成部分。1954 年的春天，夫人于立群因为患病要去外地治疗，在她离开北京的第二天，郭老带着孩子从西郊大觉寺移回一棵只有手腕粗细的银杏树苗，种在大院胡同 5 号院里，郭老为它起名“妈妈树”，希望妻子能像树木一样顽强地经受住疾病的磨难，早点回到孩子们和自己身边来。经过长时间的医治，于立群的身体逐渐好转。

1979 年 2 月，郭老逝世满一年，身体一直虚弱的于立群不幸也病故。或许真是草木有情，第二年“妈妈树”便大病一场，树皮整片整片地暴裂，濒临枯槁。缓了好几年，才又生出新树皮来。可是想不到 10 年后竟然又遭劫难，在一场暴风雨中刮断了主枝。惟愿院里的树木年年枝繁叶茂，切莫辜负种树人。

妈妈树介绍

妈妈树远景

石狮子

看点四：石狮子

另一处小景令人感到新奇，草地上的一对雕刻精美的石狮子。按理，它们应该站在大门口，象征吉祥、显示力量，而现在则是静静地坐在草地上，一柔一刚，相得益彰。

看点五：铜钟

正院垂花门前两口不成对的铜钟与两株古柏相伴为伍，稍高的一只铸于明天顺元年，另一只铸于清乾隆二年。石狮、铜钟都是郭沫若生前的收藏，现在都成了院中特殊的景观。

铜钟特写

铜钟

院内

院内的抄手游廊连接各个房间，任他四季气候如何变化，都可自由穿梭行走。闲庭信步，游廊中端坐，看着三两个行人游走其中，也甚是有趣。

正房和厢房之间都有游廊连接，大体是一个环形的参观顺序。在后罩房和东西厢房分别是“生平展”“文学成就展”“史学成就展”。正房保持了郭沫若会客室、书房和卧室的陈设。后罩房有郭沫若夫人于立群的书房。

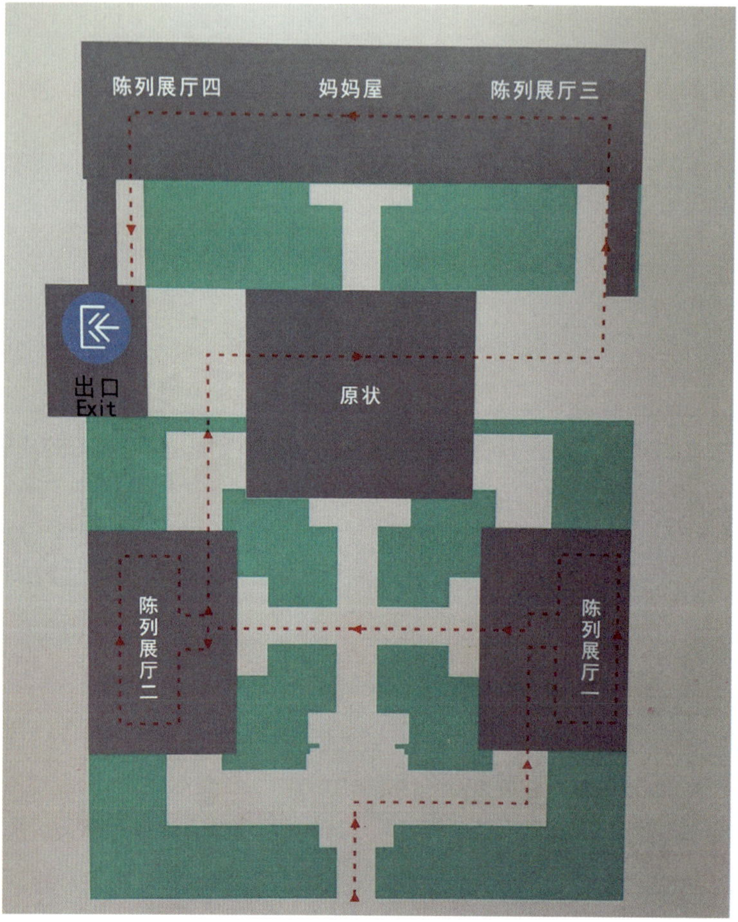

故居院内展览参观路线图

客厅全貌（资料图）

看点一：客厅

客厅，沙发呈马蹄形排列。郭沫若习惯坐的位置是钢琴前的单人沙发，这是因为他双耳几近失聪，左耳戴着助听器，听力会好一些，客人就坐在他的左侧。

沙发后面的背景是中国著名山水大师傅抱石的巨作。在这幅丈二山水的下面，主人陈列了几方他所喜欢的石头，造型自然各显神韵。郭老曾有诗自述说：“我亦爱石人，爱石之性坚，纵使遭磨砻，以方寓于圆。”

窗台上钟的指针指向：四点二十分（郭沫若在下午四点二十分去世）。

看点二：办公室及卧室

客厅东面与郭沫若的办公室相接。一排书柜依西墙而列，书柜上方横挂着毛泽东的真迹《西江月·井冈山》。对面是于立群的隶书中堂，录毛泽东词《沁园春·雪》。南窗下面对面放着两张书桌，主人常用的是东边那张。黑电木的墨盒、北京牌的蓝黑墨水、普通的极品狼毫……正是用这些最平常的文具，晚年郭沫若完成了《兰亭序》真伪的论辨、《李白与杜甫》《出土文物二三事》，还有他去世之后成集的《东风第一枝》和平生最后一部译作《英诗译稿》。

办公室东边的小门通向卧室，这是东耳房。一部百纳本的《二十四史》伴着一张棕绷床、绿格子的床单使小屋显得朴素宁静。

办公室东侧

办公室西侧

卧室

郭沫若佩戴助听器照片
（资料图）

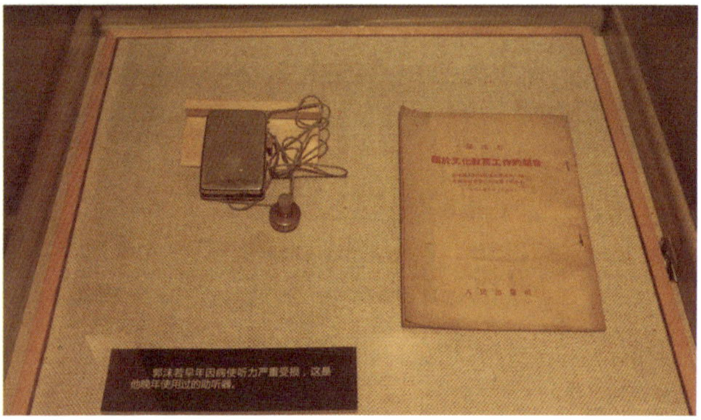

助听器

看点三：助听器

在郭沫若的故居里陈列着一个助听器，有不少人以为这是郭老在晚年用的。其实郭老自 16 岁起便因病导致双耳重听，一直使用助听器。

1908 年，郭沫若在乐山读书的时候，一场突如其来的疾病袭击了他，肠伤寒让他持续高烧达一个月，损坏了他的听神经，造成双耳重听。直接导致他在日本中止学医，他甚至曾想自杀。后来郭沫若之所以走上了文学的道路，耳朵残疾是一个非常重要的因素。

“沧海遗粟”木匣

看点四：木匣

西厢房的展厅里有一只日式木匣，这个不起眼的木匣被称为“镇馆之宝”，它里面装有9种甲骨金文著述手稿，是郭沫若流亡日本期间学术研究的精华。1937年抗战全面爆发，只身回国的郭沫若将该宝箱留在了日本。出人意料的是，几经辗转，该木匣在20年后又被送回主人身边，郭沫若颇为感慨地在上面题写了“沧海遗粟”四个大字，并用小字记述了木匣的不凡经历。

看点五：小院及后罩房

前排北房和后罩房之间隔着一个南北窄、东西长的小院。郭沫若和夫人每年都在小院种点瓜和豆类。穿过瓜架便是后罩房，后罩房中间是于立群的写字间，郭沫若常常在这儿和夫人一起写字读帖。三面墙上交相辉映着他们的书法佳作。左边是夫人的小篆条屏；右侧是郭沫若和夫人合作的青铜器拓片的题跋；正面是一幅郭沫若的行草《咏武则天》。

小院

行草《咏武则天》

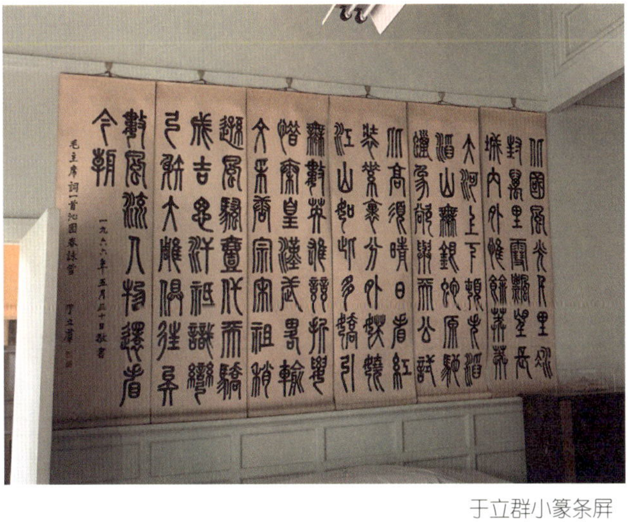

于立群小篆条屏

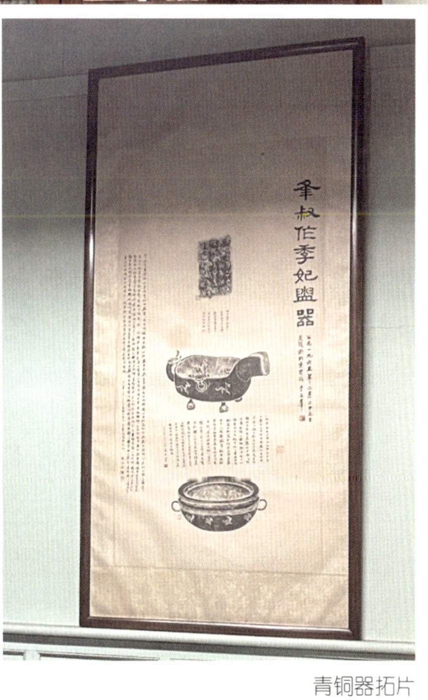

青铜器拓片

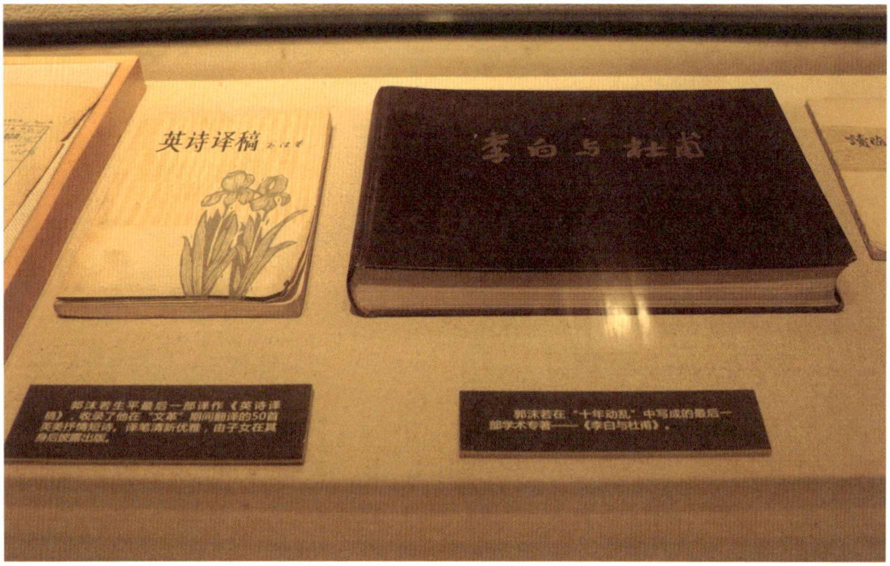

郭沫若生前最后的著作

【结语】

用郭沫若的一句名言来作为参观故居的结束，“我要以松柏的态度来刻画出自己的年龄，能成为合抱的大木给天下的劳人以一片清荫，即使中途遭了电击或者枯死，我也希望它的残骸能够供给贫苦人一把取暖的柴。”

【延伸阅读】

大文学家的银杏情节

“你没有丝毫依阿取容的姿态，而你也不荒伧；你的美德象音乐一样洋溢八荒，但你也并不骄傲；你的名讳似乎就是‘超然’，你超在乎一切的草木之上，你超在乎一切之上，但你并不隐遁”——1945年5月29日郭沫若发表在重庆《新华日报》上名为《银杏》的散文中写道。在文章中，郭沫若高度赞扬银杏，银杏不仅影响了他的创作，还折射了他的价值选择，银杏已然内化为郭沫若生命的“诺亚方舟”，成为他生活下去的强大民族精神支柱。

院内银杏树

书法家郭沫若

1971 年 7 月 5 日，故宫博物院重新开放的同时，起用了郭沫若题写的故宫博物院匾额，这是根据周总理的批示办的。那天郭沫若来故宫，院长吴仲超等人都在，我也在场。记得当时故宫博物院的牌匾还用纸包着，上书“血泪宫”。我们随口对郭老说：“您给故宫博物院写个牌匾吧。”他说：“行啊。”我们就随手拿来几张纸和笔墨。记得那些纸的一面是打印过材料的，郭老就翻过有字的那面，在它的背面写起来。（徐启宪口述）

还有随处可见的“中国银行”四个大字也为郭沫若先生1955 年所写，沿用至今。当时的中国银行在伦敦的分行刚刚购买了新的大楼，需要展示中国银行形象，先后找了几位书法家所写的名字都不尽人意，后来由当时的中国银行董事长提议邀请郭沫若先生题字。

另外还有“荣宝斋”“中国书店”“商务印书馆”“内联升”等等，都是由郭沫若题写。

郭沫若书法作品

参观时间

9：00 ~ 16：00

（周一闭馆）

扫一扫可观看故居视频

茅盾

故居

故居地址

北京市东城区交道口南大街后圆恩寺胡同 13 号

【人物生平】

茅盾（1896 年 7 月 4 日—1981 年 3 月 27 日），浙江嘉兴桐乡人。

原名沈德鸿，字雁冰，笔名茅盾。

中华人民共和国文化部第一任部长。

中国现代著名作家、文学评论家、文化活动家以及社会活动家。

新文化运动的先驱者、中国革命文艺奠基人之一。

代表作有《子夜》《春蚕》《霜叶红似二月花》《林家铺子》。

【人物评价】

茅盾是早就从事写作的人。唯其阅世深了，所以不忘社会，他的观察的周到、分析的清楚，是现代散文中最有实用的一种写法……中国若要社会进步，若要使文章和实际生活发生关系，则象茅盾那样的散文作家，多一个好一个……

——郁达夫

茅盾体现了“文学家与革命家的完美结合”，是并不多见的“把两种素质集于一身的人”。

——张光年

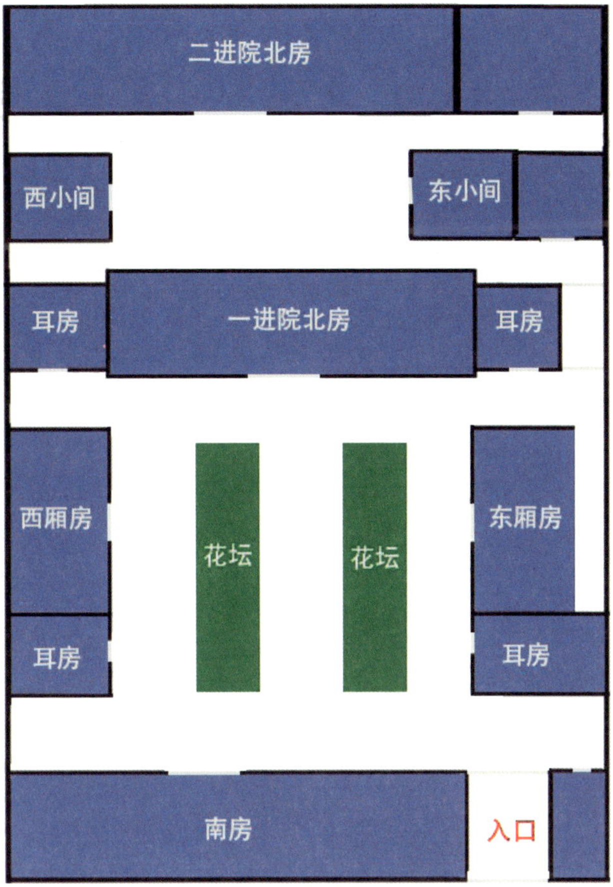

茅盾故居布局图

【故居基本格局】

茅盾故居是一座坐北朝南的二进宅院，占地面积为 800 平方米，建筑面积为 532 平方米。进入大门迎面是一座影壁，影壁上镶嵌着邓颖超书写的“茅盾故居”金字黑底的大理石匾额，影壁前有一口荷花缸。前院有北房三间，现为第一展厅。两侧各有耳房一间，西侧耳房为中国茅盾研究会，房前有一米宽的廊檐；另有东、西厢房各三间，厢房南侧各有耳房一间，西厢房是以前茅盾的会客室及藏书室，在房间的三分之一处设“隔断”将房屋一分为二，

一进院北房和东西厢房

一进院南房

二进院布局

南侧为藏书室（现已无藏书），北侧为会客厅。东厢房是饭厅，现为第二展厅。南房五间，现为第三展厅。院中有一尊置于黑色大理石基座上的茅盾半身雕像，雕像的材质为汉白玉，高 83 厘米。正中有两块长方形花坛，种有月季和葡萄藤等。

二进院有北房六间，这间北房划分四个功能区：进门一间为起居室，最西边的那间是陪伴茅盾的小孙女住的房间，依次过来是茅盾的起居室，内有东门通往卧室，最东头是洗漱间。东西各有两小间。

【胡同介绍】

明代属昭回坊，清代属镶黄旗驻地，始称“后圆恩寺胡同”。因此地有元代兴建的圆恩寺而得名，后圆恩寺胡同因在圆恩寺的背后而得名，却没有按习惯被称为“圆恩寺后身”或“圆恩寺后街”，并非此处原有前、后两座圆恩寺。1965 年整顿地名时称“交道口南三条”，“文化大革命”运动时改称“大跃进路七条”，1979 年复今名。胡同位于鼓楼东大街南侧，呈东西走向，东起交道口南大街，西止南锣鼓巷，南邻前圆恩寺胡同，北靠菊儿胡同，全长 444 米，宽 6 米。胡同 7 号院曾为蒋介石行辕，13 号院为茅盾故居，两院均为北京市文物保护单位。

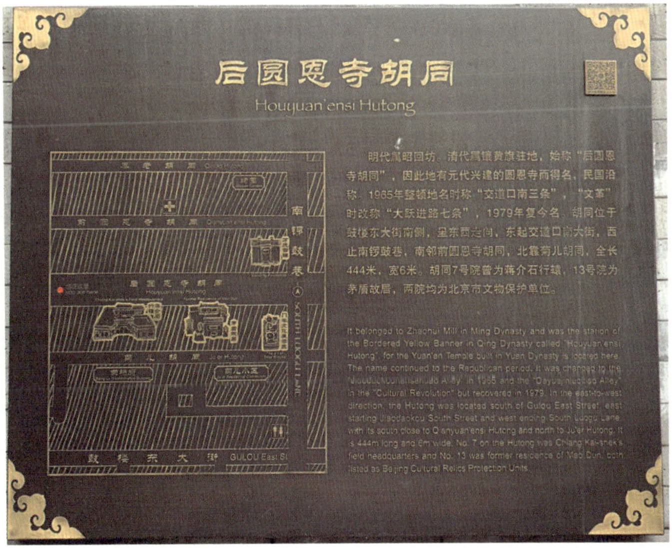

胡同介绍

胡同街景

【故居历史】

茅盾曾经住在东四头条五号的文化部宿舍小楼，与周扬、阳翰笙等几位领导做邻居。茅盾住在此处时，家中从警卫齐备到门庭冷落，经历了一系列动荡，让他开始神经衰弱，借安眠药入睡，也因为年纪大，上下楼不方便，还曾经从楼梯上跌倒。大家认为他不再适宜住在楼房，所以申请搬到如今的茅盾故居。

【故居看点】

看点一：匾额

进入大门，迎面是一座影壁，影壁上镶嵌着邓颖超题写的“茅盾故居”这块金字黑底的大理石匾额。

影壁

匾额近影

看点二：前院西厢房原状陈列室

茅盾先生的工作室兼卧室，在房间的三分之一处设“隔断”将房屋一分为二，南侧为藏书室，北侧为前院会客厅。

西厢房

看点三：后院北房原状陈列室

故居的后院里属于老房的只有北房，东西两侧的红砖小耳房是后期加盖的。北房原是茅盾的工作室兼卧室。

北房最西边的那间是以前茅盾的小孙女住的房间，依次过来是茅盾的起居室，北墙为一排书柜，书籍按其生前原样排放。书柜前为单人沙发一对。室内南侧临窗放写字台一张。

沙发旁边还有一个冰箱（现在为后放的冰箱），之前的冰箱现在放在北房外走廊西侧，冰箱的模样奇怪得很，顶部像戴了个大帽子，因为第一代冰箱的制冷设备是装在冰箱顶部的。这个老式冰箱是 1949 年茅盾定居北京后夫人孔德沚从旧货市场上买来的，一直使用了二十多年才被淘汰。

起居室东侧有门通往卧室，正中放着一张铁丝单人床，上面的枕头、褥子、床单还是茅盾逝世前的样子。他喜欢卧床看书，床头电灯作夜间看书和照明之用，床两头各安一电铃，以备紧急时求助，床栏杆挂有长短颜色不同的绳子丝带，均为日常用之物。床东侧案几上放的是茅盾写回忆录时备查的旧时期刊以及他平时收集的剪报资料和晚年阅读的《两当轩集》。

床西侧有一张木桌，散放着十几支钢笔，还有一盏台灯，茅盾逝世的前几年，由于行走不便，不能去书房写作，晚年的回忆录就在这张桌子前完成。卧室

二进院北房

北侧靠墙的衣橱、七斗柜均为过去旧物，左侧的一个小衣柜上，安放着夫人孔德沚的黑漆镂花骨灰盒，1970 年初孔德沚去世后，骨灰盒一直被茅盾安放在卧室内。靠西墙的柜子上整齐地码放着一排药瓶，里面是茅盾平日服用的药品，平时放信件的漆盒也放在了柜子上。

最靠东边是洗漱间，那件被儿子韦韬描绘成“补丁摞补丁”的浴衣依旧挂在浴室的墙上。

二进院东小间

二进院西小间

老冰箱

孙女房间

起居室一角（一）

起居室一角（二）

卧室

看点四：秋千

为小孙女玩耍专门安装的秋千。

秋千

【结语】

来时树上的叶子大多已凋零，但风还是拼命地刮着，似乎要把所有树叶吹落才罢休。三五个人在院中快速地穿梭，从一个展厅到另一个展厅。屋里温暖如春，有老人、小孩、拉着箱子的游客……都在认真地看着资料介绍。两个展厅，介绍的就是茅盾的一生。

“自知来日无多，回忆过去，凡所见所闻所亲身经历，一时都如断烂影片，呈现脑海。此时百感交集，又百无聊赖。”茅盾在《我走过的道路》中写道。一个辍笔多年的暮年之人，有多少无奈、多少感慨、多少唏嘘。本想在5个月的时间内完成回忆录，无奈天不遂人愿，最终也仅仅完成了一半。漫长的人生路，经过风雨，走过春秋，最终都将步入归途。

【延伸阅读】

“茅盾”的由来

1927年，大革命失败，沈雁冰被迫隐居在上海，郁郁不得志的他开始用笔来宣泄心中的情感，于是创作了小说《幻灭》。可许多报社却不敢登他的文章。这使得他内心十分矛盾，于是他在手稿上署名“矛盾”。稿子最后交给了《小说月报》的编辑叶圣陶，叶圣陶认为小说很好，但是看了这个名字却提出了意见，认为这个名字是个哲学名词，不像一个人的名字，且“矛”不像是姓氏，并且在当时那样的环境下使用如此尖锐的笔名不太好，就自作主张在“矛”字上加了一个草字头，改作“茅盾”。沈雁冰对这一改动也很满意，以后就一直以此为笔名了。

茅盾晚年写作（资料图）

“茅盾文学奖”的设立

1981 年，根据茅盾先生遗愿，将其 25 万元稿费捐献出来，设立了“茅盾文学奖”，当时决定由巴金担任评委会主任。此奖项的设立旨在推出和褒奖长篇小说作家和作品。当时规定每三年评选一次，参与首评而未获奖的作品，在下一届以至将来历届评选中仍可获奖。首届评选在 1982 年确定，评选范围限于 1977 年至 1981 年的长篇小说。“茅盾文学奖”是中国第一个以个人名字命名的文学奖，是中国长篇小说的最高奖项之一。

“茅盾文学奖”现改为每四年评选一次，参评作品需为长篇小说，字数在 13 万以上的作品。自 2011 年起，由于李嘉诚先生的赞助，“茅盾文学奖”的奖金从 5 万提升到 50 万，成为中国奖金最高的文学奖项。

参观时间

9：00 ~ 16：00

（周一闭馆）

扫一扫可观看故居视频

老舍

故居

故居地址

北京市东城区灯市口西街丰富胡同 19 号

【人物生平】

老舍（1899 年 2 月 3 日—1966 年 8 月 24 日），原名舒庆春，北京满族正红旗人。

中国现代小说家、作家、语言大师、人民艺术家。

代表作有《骆驼祥子》《四世同堂》《龙须沟》《茶馆》等。

全国人大代表和全国政协常委。

中国文学艺术界联合会副主席。

中国作家协会副主席。

北京市文学艺术界联合会主席。

北京市作家协会主席。

【人物评价】

在老舍先生的嬉笑唾骂的笔墨后边，我感到了他对生活态度的严肃，他的正义感和温暖的心，以及对祖国的热爱和热望。

——茅盾

他却全然不是我心目中的那种大学教授，他谈吐自然，蔼然可亲，一点架子也没有，特别是他那一口地道的京腔，铿锵有致，听他说话，简直就像是听音乐，是一种享受。

——季羡林

但他从来不自满，总在精益求精，一部一部的作品从他的笔下涌出。必须说，老舍是一位非常勤奋，从未停笔的作家，他的这种精神是值得我们永远学习的。

——曹禺

乌云飘过，仰望星空，星光万点。有一颗，亮晶晶的，那该是“老人星“吧？望着它，我遐思冥想，想起了老舍——我尊敬的长者、亲密的朋友。

——臧克家

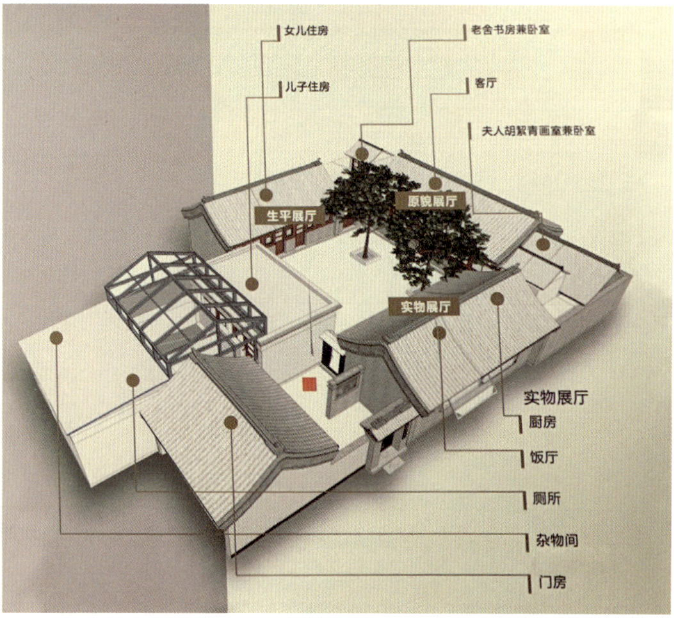

老舍故居布局图

【故居基本格局】

老舍故居的正门坐西朝东，灰瓦门楼，门扇为黑漆油饰。进了大门，有一座砖影壁，左侧有两间小南房。砖影壁后面是个小外院，自成体系，有三处灰顶小房，一间是正房，另外两间分别是厕所和杂物间。正房坐北朝南，是老舍先生之子舒乙的住房。这个外院正好坐落在里院南房的位置上，将里院勉强在外形上凑成一个四合院。外院有一街门通向今灯市口西街，但从不使用。

一道“二门”通向里院，迈进“二门”又有一个五彩木影壁。里院有北房三间，左右各带一间耳房，正房三间有两间是客厅，靠东头一间是夫人胡絜青的画室兼卧室，东耳房是卫生间，西耳房即为老舍的书房兼卧室。还有东西厢房各三间，其中西厢房为老舍女儿的住房，东厢房为厨房。

老舍纪念馆

砖影壁

老舍纪念馆南门

正房

东厢房

西厢房

【胡同介绍】

丰富胡同属东城区东华门地区，是灯市口西街路北从西往东数的第二条胡同，自北向南沟通大草厂胡同和灯市口西街，长 178 米，宽 3 米。

最早这条胡同不叫“丰富”，明朝时这一片叫“奶子府”，是宫廷进门供养奶妈的地方，属于锦衣卫直管。明熹宗朱由校的奶妈客氏曾住在这里，而当时大名鼎鼎的魏忠贤能掌权，也跟这位客氏脱不了关系。后为了雅致改名叫遒兹府或乃兹府。

清乾隆时称这里为“风筝胡同”，因原来居民多以制作风筝为业，故名。宣统时称“丰盛胡同”，民国后沿称。

1965 年整顿地名时，因与西城区的“丰盛胡同”重名，遂改称“丰富胡同”，延续至今。

胡同街景（一）

胡同街景（二）

【故居历史】

1949 年 12 月 9 日，老舍应周恩来总理邀请，由美国回国抵天津。两天后到北京，并受到周总理的接见。与许多归国名人一样，老舍当时被新政府暂时安排在北京饭店居住。作为土生土长的北京人，老舍打算买个属于自己的房子。

老舍当时问周恩来总理，能否自己掏钱买房？周总理回答，你需要安静的写作环境，没问题，你买吧。就这样，老舍成为新中国第一位获得“特批”可以买房的作家。老舍请他在美国的出版代理人寄回五百美元版税，换成一百匹布，在东城遒兹府大街（今丰富胡同）买下一所小三合院，经过修缮之后，老舍和刚由四川北碚返回北京的亲属于 1950 年 4 月一起搬了进来。

1994 年老舍夫人携子女向时任北京市领导写信，提出将老舍故居连同老舍收藏的部分字画、古董捐献给国家。

1997 年 7 月老舍家属有偿将老舍故居捐献给国家。捐献交接仪式在北京市政府举行，时任市委书记贾庆林等市领导出席，时任北京市文物局局长单霁翔，老舍夫人胡絜青携子女出席。

1998 年北京市文物局对故居进行落架修缮。

1998 年 5 月 18 日 “老舍故居筹建处”开始组建。

1998 年 6 月 4 日召开第一次老舍纪念馆筹建会。随后进入紧张的筹建工作。

1998 年 10 月 24 日中共中央办公厅、国务院办公厅批示“同意将老舍故居改建成老舍纪念馆”。

1999 年 2 月 1 日，老舍诞辰 100 周年前夕，老舍纪念馆正式对社会开放。

1984 年 5 月 12 日北京市人民政府将老舍故居公布为第三批文物保护单位。

【故居看点】

看点一：五彩木影壁

胡絜青每年都要写一张“福”字，这是她去世前写的最后一张“福”字，一直挂在这里，寄托着老舍一家人对未来美好的期望。

看点二：柿子树

也许正是幼年家中的柿子树，让这位人民艺术家一生都有“柿柿如意”的情结。1953 年春天，老舍夫妇托人从西山移植过来并亲自栽下的两棵柿树，每逢深秋时节，柿树缀满红柿，别有一番诗情画意，为此胡絜青美其名为“丹柿小院”。老舍的女儿舒济回忆：“种的时候只有拇指粗，不到 10 年，树干直径已超过海碗。春天柿花开时，招来蜜蜂数千只，全院一片嗡嗡声，重如轰炸机。秋天满树硕果，非常壮观。”

看点三：原状陈列室之正房

正房三间，有两间是客厅。家具方面，除了一张双人沙发，两张单人沙发和一个小圆茶几是现代的，其余的全是红木旧家具。其他的则是迁进新居后陆续选购来的，有书橱、古玩格、条案、大圆桌、靠背椅等等，老舍先生很爱这些家具。擦拭它们是自己每天的必修课。桌面上陈设很少，但有两样东西必不可少，一是花瓶，二是果盘。客厅西墙是专门轮流挂画处，宛如一个小小的美术画廊。东头另一间房是老舍夫人的画室兼卧室。

客厅

識苦嘗辛八十年此身難得一日安齊魯年年
驚鼙鼓巴蜀夜夜對愁眠幾度團圓聚又散
何處居停是桃源傷心京華太平水湖底竭
時淚不乾　形骸千錘瘦骨在家國百煉矢
志堅繞膝兒孫知自立策杖老嫗未敢闲一
庭好花添画稿半窗明月照詩篇留得絜品答
舍予雨后青山别樣藍
甲子感懷

老舍夫人的画室兼卧室

看点四：原状陈列室之老舍书房及卧室

老舍故居的房间中有两样东西很值一提，第一件是老舍先生的红木床，又大又沉，床帮上还嵌着大理石，床屉是棕绳和藤皮编织而成的。老舍理想的床是：“一张极大极软的床。在这个床上，横睡直睡都可以，不论咋睡都一躺下就舒服合适，好像陷在棉花堆里，一点也不碰硬骨头”。但他的腰病使他不能睡软床，特意从旧木器行选购了这张硬床。

木订床和其他红木家具一起在“文化大革命”运动时被抄家没收，但文物部门鉴定有较高的文物价值，万幸没有被随便处理，后又原样发还。

老舍卧室

老舍书桌一角

第二件是老舍先生书房里由他本人设计的大壁橱，因为房间极小，只够放一张书桌和一把椅子，所以老舍请工人打在墙里，足有六七立方米。书桌对着东门，背靠书墙，只要一转身就可以拿到壁橱里的书籍。书桌是硬木镶大理石的，桌上有老舍生前用过的眼镜、钢笔、墨水瓶、烟灰缸、台灯、收音机和台历等。就在这间小屋子里，老舍写了著名话剧《方珍珠》《龙须沟》《茶馆》《西望长安》《全家福》等，还有为纪念其父而作的《神拳》等20余部剧作。此外还有大量的曲艺、散文、诗歌、论文、杂文以及未完成的自传体长篇小说《正红旗下》。

书桌上的日历

大壁橱

【结语】

经过岁月的变迁，外面已高楼林立，繁华喧嚣。但是胡同口的这座丹柿小院依旧幽静。院中的柿子树仍然遵循四季的变化在生长。屋内老舍的声音一直在播放着，用过的东西也还在桌上放着，仿佛主人只是出去一趟，一会就会回来一样。

“秋天一定要住北平。天堂是什么样子，我不晓得，但是从我的生活经验去判断，北平之秋便是天堂，也许比天堂更繁荣一点呢！”各色的水果、肥美的河蟹、良乡的栗子、丰台的秋菊……老舍眼中北京的秋天如此得美，有着浓浓的烟火气，让人向往和着迷。先生怎么舍得就这么义无反顾地抛弃这人间天堂，而一去不复返呢？

【延伸阅读】

小时候的家 v.s. 理想中的家

在《四世同堂》中，老舍是这样描写出生地的：

说不定，这个地方在当初或者真是个羊圈，因为它不像一般的北平的胡同那样直直的，或略微有一两个弯儿，而是颇像一个葫芦。通到西大街去的是葫芦的嘴和脖子，很细很长，而且很脏。葫芦的嘴是那么窄小，人们若不留心细找，或向邮差打听，便很容易忽略过去。进了葫芦脖子，看见了墙根堆着的垃圾，你才敢放胆往里面走，像哥伦布看到海上有漂浮着的东西才敢更向前进那样。走了几十步，忽然眼一明，你看见了葫芦的胸：一个东西有四十步，南北有三十步长的圆圈，中间有两棵大槐树，四围有六七家人家。再往前走，又是一个小巷——葫芦的腰。穿过"腰"，又是一块空地，比"胸"大着两三倍，这便是葫芦肚儿了。"胸"和"肚"大概就是羊圈吧？

1899年2月3日，老舍降生在北京新街口小杨家胡同8号院内北房东间。（资料图）

对于小时候的家，在老舍心中有着无法割舍的感情。老舍的很多部作品都有这条胡同的影子，现在已经

老舍出生地现状

现在的小杨家胡同 1

改名叫小杨家胡同，老舍曾经居住过的小院门已紧闭，看不到原来的样子了。

老舍在《我的理想家庭》中写道：

我的理想家庭要有七间小平房：一间是客厅，古玩字画全非必要，只要几把很舒服宽松的椅子，一二小桌。一间书房，书籍不少，不管什么头版与古本，而都是我所爱读的；一张书桌，桌面是中国漆的，放上热茶杯不至烫成个圆白印；文具不讲究，可是都很好用；桌上老有一两枝鲜花，插在小瓶里。两间卧室，我独居一间，没有臭虫，而有一张极大极软的床。在这个床上，横睡直睡都可以，不论咋睡都一躺下就舒服合适，好像陷在棉花堆里，一点也不碰硬骨头。还有一间，是预备给客人住的。此外是一间厨房，一个厕所，没有下房，因为根本不预备用仆人。家中不要电话，不要播音机，不要留声机，不要麻将牌，不要风扇，

现在的小杨家胡同 2

现在的小杨家胡同 3

不要保险柜。缺乏的东西本来很多，不过这几项是故意不要的，有人白送给我也不要。

院子必须很大，靠墙有几株小果木树。除了一块长方的土地，平坦无草，足够打开太极拳的。其他的地方就都种着花草——没有一种珍贵费事的，只求昌茂多花。屋中至少有一只花猫，院中至少也有一两盆金鱼；小树上悬着小笼，二三绿帼帼随意地鸣着。

……

这个家庭顶好是在北平，其次是成都或青岛，至坏也得在苏州。无论怎样吧，反正必须在中国，因为中国是顶文明平安的国家；理想的家庭必须在理想的国家内也。

这个院子基本上满足了老舍对家的设想，有家人、有小猫、有小鱼、有花草……生活安闲自在，简朴舒适。老舍先生就是在这个院子里生活了 16 年，度过了他的晚年。

老舍的“花花世界”

老舍先生非常喜爱花，也爱养花，所以院子里到处都是花，他把养花当作生活的一种乐趣。他的著名散文《养花》曾被选入人教版小学六年级语文课本。原文如下：

我爱花，所以也爱养花。我可还没成为养花专家，因为没有工夫去研究和试验。我只把养花当做生活中的一种乐趣，花开得大小好坏都不计较，只要开花，我就高兴。在我的小院子里，一到夏天满是花草，小猫只好上房去玩，地上没有它们的运动场。

花虽然多，但没有奇花异草。珍贵的花草不易养活，看着一棵好花生病要死是件难过的事。北京的气候，对养花来说，不算很好。

冬天冷，春天多风，夏天不是干旱就是大雨倾盆；秋天最好，可是忽然会闹霜冻。在这种气候里，想把南方的好花养活，我还没有那么大的本事。因此，我只养些好种易活、自己会奋斗的花草。

不过，尽管花草自己会奋斗，我若置之不理，任其自生自灭，它们多数还是会死了的。我得天天照管它们，像好朋友似的关切它们。

一来二去，我摸着一些门道：有的喜阴，就别放在太阳地里；有的喜干，就别多浇水。这是个乐趣，摸住门道，花草养活了，而且三年五载老活着、开花，多么有意思啊！不是乱吹，这就是知识啊！多得些知识，一定不是坏事。

我不是有腿病吗，不但不利于行，也不利于久坐。我不知道花草们受我的照顾，感谢我不感谢；我可得感谢它们。

老舍在收拾花盆（资料图）

在我工作的时候，我总是写几十个字，就到院中去看看，浇浇这棵，搬搬那盆，然后回到屋中再写一点，然后再出去，如此循环，让脑力劳动和体力劳动结合到一起，有益身心，胜于吃药。

要是赶上狂风暴雨或天气突变，就得全家动员，抢救花草，十分紧张。几百盆花，都要很快地抢到屋里去，使人腰酸腿疼，热汗直流。第二天，天气好了，又得把花都搬出去，就又一次腰酸腿疼，热汗直流。可是，这多么有意思呀！不劳动，连棵花也养不活，这难道不是真理吗？

送牛奶的同志进门就夸“好香”！这使我们全家都感到骄傲。赶到昙花开放的时候，约几位朋友来看看，更有秉烛夜游的味道——昙花总在夜里开放。花分根了，一棵分为几棵，就赠给朋友们一些；看着友人拿走自己的劳动果实，心里自然特别欢喜。

当然，也有伤心的时候，今年夏天就有这么一回。三百棵菊秧还在地上（没到移入盆中的时候），下了暴雨，邻家的墙倒了，菊秧被砸死三十多种，一百多棵。全家几天都没有笑容。

有喜有忧，有笑有泪，有花有果，有香有色。既须劳动，又长见识，这就是养花的乐趣。

喜欢花的人大多善良、温和、心思细腻，因为养花是需要投入感情的，何况是满院子的花。其中有喜有忧、有笑有泪、有花有果、有香有色，只要开花就高兴，这是让老舍打从心底感受到的乐趣。自己的付出得到了收获，而且还能与人分享，自然很是欢喜。

珍贵的日文手稿

在老舍的众多文学作品中，被翻译成外语的次数最多，在国外产生影响最大的当属《骆驼祥子》，在全世界有多种语言的译本。1984 年 3 月，世界上第一个全国性的老舍研究机构“日本老舍研究会”在名古屋成立。

迄今为止，《骆驼祥子》的日译本已经有十几种，其中一个译本备受关注，那就是由日本医生中山高志翻译的版本。

中山高志来北平开诊所行医，他为了能与病人正常交流，便想着通过阅读书籍来提升自己的汉语水平。他买了一本《骆驼祥子》，一边读书，一边学习汉语，渐渐地对这本书产生了浓厚的兴趣，也就有了翻译它的打算。中山高志的译本，于 1991 年在日本出版，由于此书运用的是 20 世纪 40 年代的日本语言，无论是从文学，还是从语言研究来说，都有很重要的价值。

中山高志译本的手稿一直被中山家族珍藏，放在精致的木盒中，木盒内侧刻有“一九四二年十一月三日 北京市内三区大佛寺西大街丨一号”的字样。直至 2016 年 3 月，中山高志的儿子中山瑞与老舍的女儿舒济见面时，有意将这份译文手稿通过北京市文物局捐赠给北京老舍故居纪念馆。时隔七十多年，中山高志翻译的《骆驼祥子》手稿，在 2016 年 5 月正式入藏北京老舍故居纪念馆，是纪念馆珍藏的第一份外国译者的手稿。

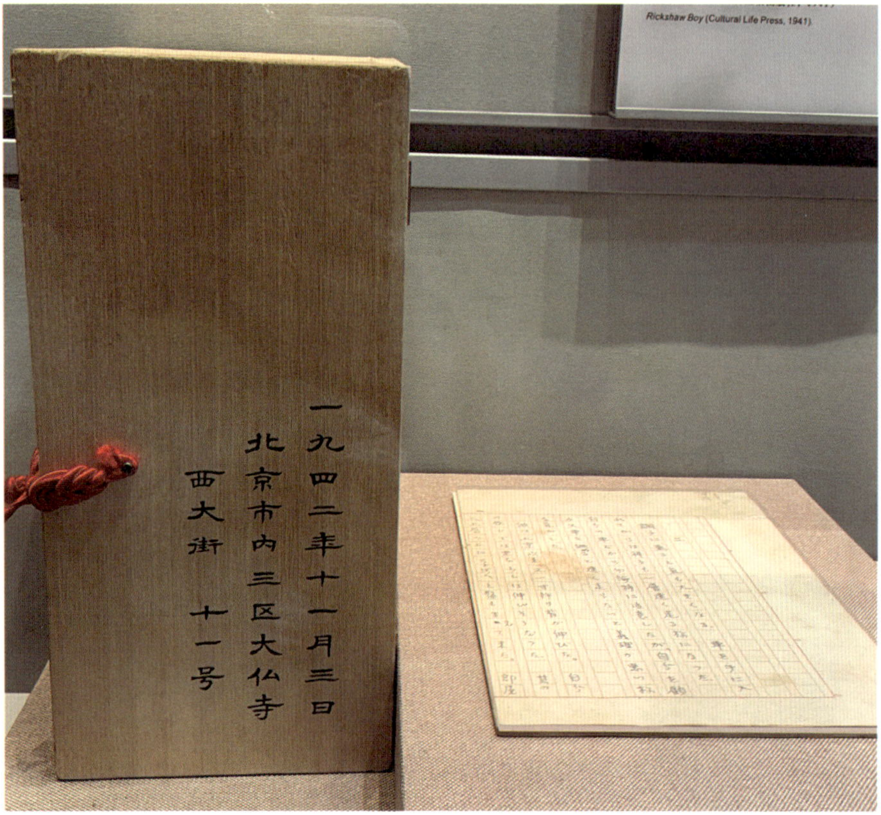
Rickshaw Boy (Cultural Life Press, 1941).
一九四二年十一月三日
北京市内三区大仙寺
西大街 十一号

《骆驼祥子》译稿手稿

最早的藏书

现在找到老舍最早的藏书是一部《辞源》，一本被翻得极旧的《辞源》，扉页有老舍的亲笔题字："在学校时，总是借用学校的《辞源》，如今离了学校生活，不再做学生及教师，只好自己买部了，到底买不起大号的。"

老舍从英国回国途中，临时在新加坡南洋中学当国文老师的时候，也不忘赊一本《辞源》。老舍曾写道 ："赊了部《辞源》；教书不同自己读书，字总得认清了——有好些好些字，我总以为认识而实在念不出。一夜睡得怪舒服；新《辞源》摆在桌上被老鼠啃坏，是美中不足。预备用皮鞋打老鼠，及至见了面，又不想多事了，老鼠的身量至少比《辞源》长，说不定还许是仙鼠呢，随它去吧。"

《辞源》

老舍的题字

催稿趣事

抗战期间，北新书局出版的《青年界》，曾向作家老舍催过稿。老舍在寄稿的同时，幽默地寄去了一封带戏曲味的答催稿信：元帅发来紧急令：内无粮草外无兵！小将提枪上了马，《青年界》上走一程，吠！马来！参见元帅。带来多少人马？两千来个字！还都是老弱残兵！后帐休息！得令！正是：旌旗明明，杀气满山头！

改稿奴才

作家楼适夷有次去看望老舍。“最近写些什么？”楼适夷问道。满族出身的老舍笑着说：“我正在当‘奴才’，给我们的‘皇帝’润色稿子呢！”一阵大笑，方知老舍正接受一项新任务——为末代皇帝溥仪修改他的自传《我的前半生》。

即兴作诗

一次老舍家里来了许多青年人，请教怎样写诗。老舍说：“我不会写诗，只是瞎凑而已。”有人提议，请老舍当场“瞎凑”一首。“大雨冼星海，长虹万籁天；冰莹成舍我，碧野林风眠。”老舍随口吟了这首别致的五言绝句。寥寥20字把8位人们熟悉并称道的文艺家的名字，“瞎凑”在一起，形象鲜明，意境开阔，余味无穷。青年们听了，无不赞叹叫绝。诗中提到的大雨即孙大雨，现代诗人、文学翻译家。冼星海，人民音乐家。高长虹是现代名人。万籁天是戏剧、电影工作者。冰莹即谢冰莹，现代女作家，湖南人。成舍我曾任重庆《新蜀报》总编辑。碧野是当代作家。林风眠是画家。

恋爱趣闻

1930年，北师大的音乐老师带胡絜青到白涤洲家中请老舍到北师大演讲，老舍欣然应允，这是胡絜青与老舍的第一次见面。尔后，朋友们便极力撮合这门婚事。后来，老舍回济南教书。放寒假时，他给胡絜青寄来一封长信，介绍了自己的身世。信中说：“你给我的第一印象，像个日本少女，你不爱吭声……你我都是满族人，生活习惯一样。你很好学，我对外国名著、外国地理、历史、文学史也很了解，彼此有共同语言，能生活到一起。”

老舍夫人回忆说：“老舍是个最幽默最能说的人，我从来都只听他说。那年暑假，他的三个好朋友轮流请我们吃饭，吃了三顿饭，见了三次面。开学后，我收到老舍的信，信里说，

老舍与夫人在院中（资料图）

我们不能老是朋友请吃饭才能见面。现在你也有笔，我也有笔，咱俩就由笔谈起，来互相了解。于是，我们就开始通信，一写就是八十封。老舍又说，咱俩不能光通信，不结婚呀！你也岁数大了，我也岁数大了，你要觉得我还可以，咱俩就结婚吧，后来我们就结婚了。”

老舍还在信中提出“约法三章”：第一，要能受苦，能吃窝头，如果天天想坐汽车就别找我；第二，要能刻苦，学一门专长；第三，不许吵架，夫妻和和睦睦过日子。老舍还说：“我没有欧洲人的习惯，出去时，夫人在前面走，我在后面跟着打伞，我不干。如果心里有气，回家就打太太我也不干。我愿建立一个互相友爱、和和睦睦的家庭。”此后，老舍一天去一封信，连续写了一百多封信。

胡絜青与老舍第一次拥抱，是在中山公园后面的小沙滩，这是在那个守旧的年代，两人做出的“大举动”，也是他们人生道路上同风雨、共患难的开始。1931 年夏天，在灯市口一

结婚纪念

家三层楼的旅馆里，在罗常培先生主持下，胡絜青和老舍结了婚。结了婚后的第二天，老舍对胡絜青说："我有一句话必须说清，平日，如果你看到我坐在那儿不言语，抽着烟，千万别理我，我是在构思，绝不是跟你闹别扭，希望你别打扰我。"他又说："咱们要和睦相处，决不能吵架拌嘴。"这句话成为老舍夫妇恪守的信条。

40岁写自传

全文如下：

舒舍予，字老舍，现年四十岁，面黄无须。生于北平。三岁失怙，可谓无父；志学之年，帝王不存，可谓无君。无父无君，特别孝爱老母，布尔乔严之仁未能一扫空也。幼读三百篇，不求甚解。继学师范，遂奠教书匠之基，及壮，糊口四方，教书为业，甚难发财，每购奖券，以得末彩为荣，亦甘于寒贱也。二十七岁发愤著书，科学哲学无所懂，故写小说，博大家一笑，没什么了不得。三十四岁结婚，已有一男一女，均狡猾可喜。闲时喜养花，不得其法，每每有叶无花，亦不忍弃。书无所不读，全无所获并不着急，教书作事均甚认真，往往吃亏，亦不后悔。如此而已，再活四十年，也许能有点出息。

老舍在书房写作（资料图）

参观时间

9：00 ~ 16：30

（周一闭馆）

扫一扫可观看故居视频

鲁迅

故居

故居地址

北京市西城区阜成门内西三条21号

【人物生平】

鲁迅（1881 年 9 月 25 日—1936 年 10 月 19 日），浙江绍兴人。曾用名周樟寿，后改名周树人，字豫山，后改字豫才。

“鲁迅”是他 1918 年发表《狂人日记》时所用的笔名，也是他影响最为广泛的笔名。

著名文学家、思想家、民主战士，“五四”新文化运动的重要参与者，中国现代文学的奠基人。代表作有《呐喊》《彷徨》等。

【人物评价】

鲁迅的骨头是硬的，他没有丝毫的奴颜和媚骨。这是殖民地半殖民地人民最宝贵的性格。鲁迅是在文化战线上的民族英雄。

——毛泽东

二十世纪亚洲最伟大作家。

——［日］大江健三郎（诺贝尔文学奖得主）

与其说鲁迅先生的精神不死，不如说鲁迅先生的精神正在发芽滋长，播散到大众的心里。

——叶圣陶

从进化论到阶级论，从绅士阶级的叛子贰臣进到无产阶段和劳动群众的真正的友人，以至于战士。

——瞿秋白

鲁迅的文学思想，并非中国传统文学所培植的，但他的思想和作品又无不浸润着中华民族的长久传统，他用民主革命的理性光辉，去照亮中国的传统文化。

——著名诗人冯雪峰

鲁迅故居布局图（引自博物馆宣传图）

【故居基本格局】

鲁迅故居主要分前后两个院，前院是住宅，后院是小花园。前院主要有南房三间，北房三间，东西厢房各两间，由于地方比较窄，所以西厢房做得很窄，成了厨房。在大门和前院之间有屏门。北房的左右两间分别是鲁迅母亲和原配夫人朱安的居室，中间一屋向北接出一间房，被称为“老虎尾巴”，为鲁迅的居室。南房是鲁迅的书房和会客室，前院里有鲁迅亲自栽下的丁香树。从正房与西厢房北侧的小门，进入第二进院，院子西侧为厕所，院子中间为水井。院子里种有花草树木。

北房

南房

西厢房（厨房）

东厢房（女工住房）

连通后院的小门

后院

【胡同介绍】

宫门口原址为元大都之天师府，朝天宫建于明宣德八年（1433 年），系仿南京朝天宫式样建成，为道箓司所在地，规模宏大，为当时北京最大的道教宫观。

明成化十七年（1481 年）重修。《帝京景物略》引明宪宗诗曰："禁城西北名朝天，重檐巨栋三千间。"可见其规制之宏伟壮丽。

明天启六年（1626 年）六月二十日一夜大火，朝天宫十三重殿宇全部被焚毁。废弃的朝天宫原貌已不可考。现在宫门头条至五条、宫门口东岔西岔、东廊下西廊下、官园、狮子府等地名均与朝天宫有关。

胡同原貌

胡同现状（一）

胡同现状（二）

【故居历史】

鲁迅原居住在砖塔胡同六十一号的三间北房中，住房不大，而且破旧。于是鲁迅在西城一带四处看房，最后选定了阜成门内宫门口西三条 21 号，此处住宅是鲁迅自己设计并改建的。

博物馆大门

院中的鲁迅雕像

【故居看点】

故居匾额

看点一：匾额

1950 年，王冶秋（曾任国家文物局局长）同志曾打报告给毛泽东主席，请他为鲁迅故居题名，当时毛主席曾批示“请郭老写”。“鲁迅故居”四个字，即为郭沫若所题。

鲁迅炭画像

看点二：南房

南房是鲁迅的会客室兼藏书室。全室用槅扇分成内外两间。

外间是会客室，临窗放着两把籐椅，东边放着两把大的木方椅，靠南墙是两个大书柜，当年这里面满满地放着鲁迅收藏的各种期刊。东墙正中挂着一张鲁迅的炭画像，是青年画家陶元庆的作品，鲁迅极为喜爱。靠窗还放着一个三角几，上面放着几件鲁迅心爱的物件。一为“君子”砖，1924 年 9 月 10 日的《鲁迅日记》曾记有：“齐寿山为从肃宁人家觅得‘君子’砖一块，阙角不损字”，9 月 29 日又记“以六元买成”。此为汉砖，出自河北省肃宁县。鲁迅曾亲自将它拓数份，除分送友人外，还将它收入自己编的《俟堂专文杂集》一书中。

里间是小客房，为接待来访的朋友而准备的。当年许广平在受到学校迫害时，也曾来此居住过。

屋里最多的就是书箱，里间与外间叠放了30多个。这些书箱叠起来是书柜，分开又是一个个箱子。在一些装中文书的书箱上，还留有鲁迅亲笔写的编号，每个箱上的“中”字都形态各异。

会客室

里间小客房

看点三：北房

北房正面有三间。东头的一间，是鲁迅母亲鲁瑞的住室。屋内陈设简单，但颇富有江浙风味，一个三面均有床栏的精致的大木床，据说是鲁母从绍兴老家带出来的。木床上用的蓝粗布被单也颇带绍兴农村的乡土气息。屋角一张籐躺椅，是鲁迅经常坐的地方。

北房正中的一间，是全家人吃饭和洗脸的地方，屋内右侧放着方桌和洗脸架，洗脸架下放一铁筒，是提水用的。进门处有一柳条箱，那是鲁迅放换洗衣服的地方。

北房的西屋是鲁迅的原配夫人朱安的住室。房间陈设极为简单。一张四尺竹床，靠墙一个大立黑柜。鲁迅曾说，她是“母亲送给他的一件礼物”。由于没有爱情，没有共同语言，几十年他们只是相敬如宾，名义上的夫妻而已。但这位朱夫人却是周家在这座房子里居住最久的主人。

鲁迅母亲卧室

鲁迅母亲房中的藤椅

起居室一角

朱安晚年照片（资料图）

朱安卧室

看点四：老虎尾巴

“老虎尾巴”是一间仅有八平方米的斗室，鲁迅的工作室兼卧室就在这里。

北墙上有两扇大玻璃窗，这样的设计保证了房间良好的采光。玻璃窗下两条长凳搭上两块木板的床，垫的和盖的都很薄，冬天“老虎尾巴”里也不单独生火，是和中间吃饭的屋子共用一个炉子。床上的枕头上面绣着色彩鲜艳的图案，上有“卧游”二字。这是许广平作为鲁迅的学生时，亲手为他缝制的。这之中蕴育着他们爱情的萌芽。床下放着一个竹编的网篮，看上去是个极不起眼的普通家庭用具，但它却曾伴随着鲁迅度过了许多不平凡的战斗的日日夜夜。而这“老虎尾巴”床下的网篮，就是他几次出走时，装日用杂物的用具。因此它成了鲁迅患难中的“伙伴”。据鲁迅学生徐钦文回忆，床板上都经常被一批又一批川流不息的青年朋友挤得满满当当的。

“老虎尾巴”近景

“老虎尾巴”远景

“老虎尾巴”内鲁迅的床

“老虎尾巴”老照片（资料图）

鲁迅的书桌

东墙上的挂画

素描“五个警察一个0”

东墙下放着一个三屉桌。桌上放着鲁迅用过的茶杯、烟缸、笔架、笔筒、钟等物件。左角立着一盏不大的煤油灯。鲁迅就在这里，在这盏煤油灯昏暗的灯光下，用他那支金不换的毛笔，写下了《野草》《华盖集》及《华盖集续编》《彷徨》《朝花夕拾》《坟》中的部分文章以及翻译作品等二百余篇译作。书桌的右角，放着一块砖砚，砖砚上下均镶有紫檀木板。砖上刻着“大同十一年”的字样，另两边刻有花纹，系南朝梁武帝大同十一年（公元545年）的古砖。桌前放着一张磨得发光的藤椅，工作到疲倦时，鲁迅就靠在藤椅上歇一歇。

东墙挂着一张三寸的小照片，照片上是一位戴眼镜、脸部消瘦、留着“八”字胡的先生，照片背面写着“惜别，谨呈周树人，藤野”。这就是1904年在日本仙台医学专门学校教鲁迅解剖学的教授藤野严九郎老师。鲁迅极为怀念这位老师，曾在《藤野先生》一文中写道，“在我所认为我师的之中，他是最使我感激，给我鼓励的一个”。

在东墙上的另一边，挂着一幅素描，画面上题“五个警察一个0”，还有一行小字：“十四年初夕日见到的”，画面是五个警察拖着一个带小孩的孕妇。作者司徒乔在《鲁迅先生买去的画》一文中说：“这幅画，艺术造诣是丝毫也不值得鲁迅先生重视的，他买它无非是因为画中记录的恰巧是他最憎恶的事，是人吃人的社会的缩影，虽然是十分简单而粗糙的缩影。在别人也许完全不知道是怎么回事，而关心人在疾苦和熟悉人民生活的鲁迅先生，却一眼就看了出来，而且拿来置于座旁。”这反映了鲁迅鲜明的爱与憎，和对贫苦人民的感情。

西墙下是两把椅子和两个茶几。后面墙上挂了一幅水粉风景画和孙福熙所作《山野缀石》封面画和一幅对联：“望崦嵫而勿迫，恐鹈鴂之先鸣”。这是鲁迅自己集《离骚》句，特请一位擅长书法的教育部同事乔大壮书写的。这是别有一番含义的。是自勉，也是自律，从中也反映了鲁迅的人生哲学：珍惜时间，奋斗不息。

西墙下的摆设

看点五：丁香树、黄刺梅

故居前院的两株丁香树和后院的黄刺梅是 1925 年 4 月 5 日鲁迅请云松阁的花匠种植的。

丁香树

后院的黄腊梅

黄腊梅

【结语】

明亮的阳光下，风乍起，一地秋色，抬眼看向蓝色的天空，掺着阳光的风打在脸上也是温柔的，感觉秋思已布满天地。小小的院落中，人来人往，喧闹、寂静、温暖、清冷……不同的感受涌上心头。十几步就能从北房走到南房，再走到后园也不过是再加上短短十几步，空间虽小，却是一片可自由支配的天地。现在只能从窗户中窥见屋内样子及摆设，只有院内两棵先生亲手种植的丁香树可以近距离的触摸和感受到。

“老虎尾巴”是一片小天地，是一个孤独人的自由之地。清醒的人会对疼痛更加敏感，孤独的人对世道人心会更加敏锐。心中无声的呐喊，最终透过文字呈现，化作精神的力量，激励着当时无数的青年人。

“可以看见墙外的两株树，一棵是枣树，还有一棵也是枣树……”这是先生从后园往外看到的。现在从后园中往外看，没有看到枣树，只有远处的大楼和风吹过的湛蓝的天空。

【延伸阅读】

房奴鲁迅

鲁迅原来暂居砖塔胡同61号，因居住环境不佳，鲁迅向朋友借款800块大洋于1923年12月2日和卖主签订协约，在支付部分房款后收取了房契。在付清房款、交接房屋前，鲁迅已着手筹备家装工程。12月16日、20日，鲁迅两次请木匠对房屋修缮进行估价，但此后其日记中并无木工进场的记录。据推测，一是鲁迅手头拮据，为购房借了不少债，所以能省则省；二是鲁迅曾“往一五一公司买木工用小器一副，二元”，这说明家中需敲敲打打的简单的木工活他就亲自操劳了；三是鲁迅在搬入新居前后购置了许多家具，包括床铺桌椅之类，其中一些是淘来的旧货，十分便宜。

因房屋破旧，因此最费时费工的莫过于瓦工。1924年1月15日，鲁迅与瓦匠约定对房子进行改造，工钱共1200元，分步支付。工期119天，鲁迅共前往巡视了10多次。

瓦工结束，就是油漆和裱糊工序，工期约10天，共付给漆匠工钱41元，裱糊匠工钱12元，另有石灰、玻璃等用料30余元。至此，本次家装算是大功告成。

砖塔胡同61号（资料图）

砖塔胡同 61 号北屋鲁迅住室（资料图）

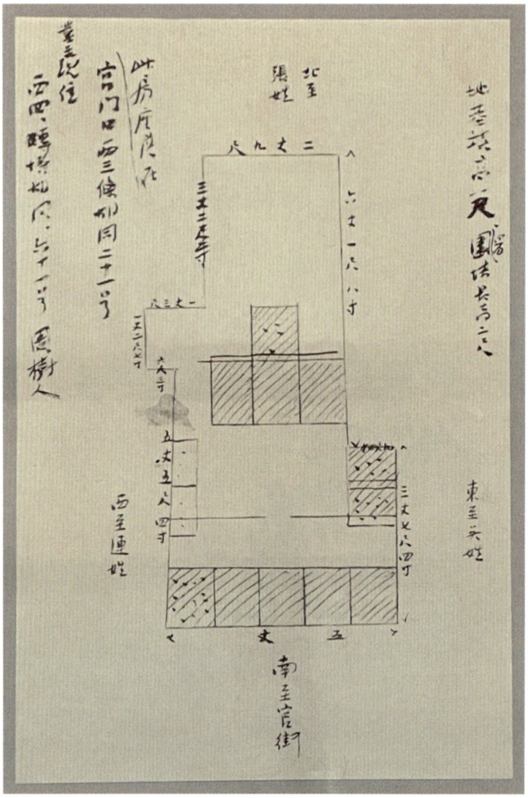

鲁迅亲自设计图纸

前后共耗资1300块大洋，经过长达5个月的改造装修之后，西三条21号院得以修葺一新，此前鲁迅日记中称之“破屋”“旧屋”，而1924年5月25日的日记记载举家迁入时，他已改称为“新屋”。毕竟是乔迁之喜，鲁迅当时的心情由此可见一斑。

迟来的爱情

鲁迅与许广平的相识、相知、相爱就是从“老虎尾巴”开始的。1925年3月11日，鲁迅收到了许广平写给他的第一封信，署名“受教的小学生”。

"现在执笔写信给你的，是一个受了你快要两年的教训，是每星期翘盼着希有的，每星期三十多点钟中一点钟小说史听讲的，是当你授课时，坐在头一排的坐位，每每忘形地直率地凭其相同的刚决的言语，在听讲时好发言的一个小学生。

现在的青年的确一日日的堕入九层地狱了！或者我也是其中之一。虽然每星期中一小时的领教，可以快心壮气，但是危险得很呀！先生！你有否打算过"救人一命，胜造七级浮屠"呢？先生！你虽然很果决的平时是，但我现在希望你把果决的心意缓和一点，能够拯拔得一个灵魂就先拯拔一个！先生呀！他是如何的"惶急待命之至"！

敬候

撰安！

谨受教的一个小学生许广平

（引自鲁迅《两地书》）

从此两人开始了长达两年的书信来往，其中许广平对"老虎尾巴"的描述是这样的。

"尊府"居然探检过了！归来后的印象，是觉得熄灭了通红的灯光，坐在那间一面镶满玻璃的室中时，是时而听雨声的淅沥，时而窥月光的清幽，当枣树发叶结实的时候，则领略它微风振枝，熟果坠地，还有鸡鸣喔喔，四时不绝。晨夕之间，时或负手在这小天地中徘徊俯仰，盖必大有一种趣味，其味如何，乃——从缕缕的烟草中曲折的传入无穷的空际，升腾，分散……是消灭？！是存在？！

许广平曾一度在校舍关闭后暂居鲁迅家，并为鲁迅抄书稿。在此期间，许广平曾亲手绣了一对有"卧游""安睡"字样的枕头套，送与鲁迅，这成为他们定情的见证。在"老虎尾巴”里，鲁迅坐在靠书桌的藤椅上，许广平坐在鲁迅的床头，果敢的许广平主动握住了鲁迅的手，鲁迅报以轻柔的紧握，他对许广平说：“你战胜了。”已婚的鲁迅一开始对这段感情相对克制，最终欣然接受，1927 年 1 月 11 日，鲁迅在给许广平的信中写道：“我先前偶一想到爱，总立刻自己惭愧，怕不配，因而也不敢爱某一个人，但看清了他们的言行的内幕，便使我自信我绝不是必须自己贬抑到那样的人，我可以爱。”

许广平则对这段爱情勇敢追求，甚至公开表白：

“它——风子——承认我战胜了！甘于做我的俘虏了！即使风子有它自己的伟大，有它自己的地位，藐小的我既然蒙它殷殷握手，不自量也罢！不相当也罢！同类也罢！异类也罢！合法也罢！不合法也罢！这都于我们不相干，于你们无关系，总之，风子是我的爱……呀！风子。”

（引自许广平《风子是我的爱》。文中“风子”指鲁迅）

1927 年 10 月，两人正式走到了一起，建立了美满的家庭。对于这一段经历，许广平回忆说：“宁不知人待我厚，我亦舍身相报。”作为爱情的信物，这对绣花枕头至今还保存在鲁迅故居的卧室内，完好如新。

鲁迅与许广平（资料图）

职业买手

鲁迅喜爱收藏，他的收藏主要是书籍，有上万册；其次是碑帖拓片，有6000多枚；汉画像拓片，有600多张。其他收藏还有古钱币、字画、铜镜、古砖、陶俑等。他购买这些藏品的主要地点是琉璃厂。

鲁迅在北京居住的14年间，逛琉璃厂达480多次。琉璃厂有300多年的历史，驰名中外，是清代以来北京最有影响的文化街。它坐落在宣武门外，西至南北柳巷，东至延寿寺街，全长约800米。民国时，光书肆就有200多家。琉璃厂离鲁迅最初居住的南半截胡同很近，往北便是宣武门，从琉璃厂往北到教育部也不是很远，他上下班路过都可以去转一圈买东西。

鲁迅经常去书店，去过的书店有北京东单牌楼北路西的东亚公司、海王村的厂甸、大栅栏廊房头条北京劝业场、东城崇文门内的东交民巷书店、王府井南口的东安市场等。

无辣不欢的浙江人

鲁迅喜欢吃辣，据说最开始吃辣是为了解困，后来就上瘾了。1918年5月鲁迅在《新青年》杂志上发表短篇小说《狂人日记》引起了极大的反响，这个小说被胡适称为中国现代小说的“开山之作”。鲁迅为此请胡适到绍兴会馆吃饭，第一道菜就是放了辣椒的梅干菜扣肉。

这个菜胡适非常喜欢吃，但他好奇菜里有辣，便问鲁迅：“据我所知江浙一带人爱甜不爱辣，先生好像是个例外。”鲁迅答：“绍兴人确无吃辣椒之好，独鲁迅有辣椒之嗜，我是以此物解困。夜深人静、天寒人困之时就摘下一支辣椒来，分成几节放进嘴里咀嚼，只咀嚼得额头冒汗，周身发软，睡意顿消，于是捧书再读。适之先生可以一试。”胡适听了大笑。

鲁迅捐献给历史博物馆的明代铜镜、大碗。
Bronze mirror and bowl of Ming Dynasty donated by Lu Xun to the Museum of Chinese History.

鲁迅收藏的部分文物
Cultural relics collected by Lu Xun.

鲁讯收藏的部分文物

参观时间

9：00 ~ 16：00

（周一闭馆）

扫一扫可观看故居视频

梅兰芳

故居

故居地址

北京市西城区护国寺街9号

【人物生平】

梅兰芳（1894 年 10 月 22 日—1961 年 8 月 8 日），名澜，又名鹤鸣，乳名裙姊，字畹华，别署缀玉轩主人，艺名兰芳。

清光绪二十年（1894 年）出生于北京，祖籍江苏泰州。

8 岁学戏，10 岁登台。

中国京剧表演艺术大师。

四大名旦之首。

“梅派”创始人。

荣获美国波莫纳学院和南加州大学的荣誉文学博士学位。

1950 年，任中国京剧院院长。

1951 年，任中国戏曲研究院院长。

1953 年，任中国戏剧家协会副主席。

［人物评价］

梅兰芳中国戏的表演是一种有规律的自由动作。

——［俄］斯坦尼斯拉夫斯基（著名戏剧和表演艺术家）

梅兰芳是“真正的演员，美的创造者”。

——中国戏曲艺术家欧阳予倩

梅兰芳是所见过的最杰出的演员之一，纽约还从来没有见识过这样的演出。

——［美］《世界报》

梅兰芳的哑剧表演和服装展示的演出真是精美优雅，可爱绝伦，美妙得就像中国古老的花瓶或是刺绣的帷幔。这是一次接触，与一种在数世纪中不可思议地圆熟起来的文化的接触。

——［美］《时代》

几乎是一种超乎自然的发现，通过许多世纪，中国人建立了一种身体表情的技巧。无论理解与误解，梅兰芳让美国人第一次见识了中国的京剧艺术。

——［美］《太阳报》

梅兰芳的到来，改变了长久以来西方对中国艺术所持的“异国情调”的说法，中国戏剧“有这样的悠久的历史”，非但没有走向僵化，在这些五光十色的固定形式之中，却跳动着生命盎然的脉搏。

——［苏］特烈杰亚柯夫（剧作家）

我没有在舞台上看见过任何一个女演员，能像梅兰芳那样传神地表现出女性的特点。

——［苏］梅耶荷德（戏剧导演）

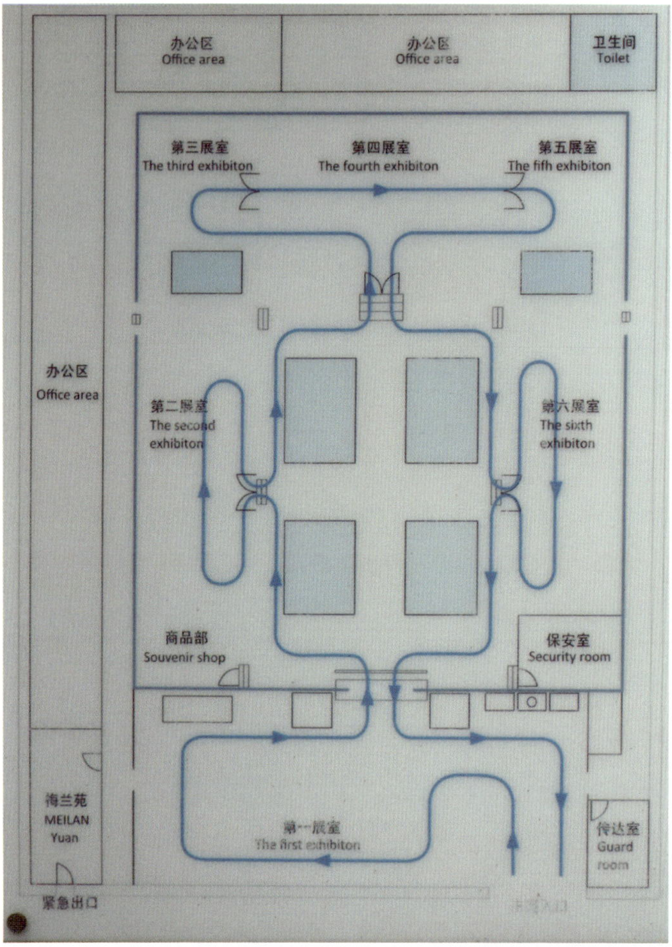

梅兰芳故居布局游览图

【故居基本格局】

梅兰芳故居大门开于院落东南隅，正对面是青石砖瓦大影壁，前方的翠竹中安放梅兰芳的半身雕像。一进院倒座房是纪念馆主要展室。二进院正对有木影壁一座，正房（北房）三间，正中为客厅，里间为起居室，东西耳房为卧室和书房，两侧有平顶廊与东西厢房相连，东、西两侧院墙各开有月亮门一座。正房后有后罩房七间。西跨院内西房两座连为一体，共六间。

雕像

木影壁

正房（北房）

月亮门

后罩房

【胡同介绍】

护国寺街长约 600 米，在明代时称崇国寺街，因寺而得名。崇国寺始建于元代，明成化年间更名“大隆善护国寺”，民间简称“护国寺”。街亦随寺改名为护国寺街。街内仍保留了梅兰芳故居、人民剧场、护国寺小吃店等重要的历史人文资源 。

2011 年 4 月，由北京市商务委员会（现北京市商务局）正式挂牌为北京市特色商业街，这里汇集了全国各地特色小吃百余种。

【故居历史】

一座典型的两进院落四合院，占地 716 平方米。此院原为清末庆亲王奕劻王府的马厩旧址，民国时期禁烟总局曾设在此，一度成为军人住宅。中华人民共和国成立后国务院将其改建成招待所。后经过修缮，1951 年梅兰芳搬到这里居住了 10 年时间。1984 年 12 月，国家决定重新修缮故居，由国家文化部艺术局负责此事。先是由国家拨款从北京 955 厂购回此房，拨款 25 万元按梅兰芳居住时原貌进行修缮。修缮期间，国家文化部艺术局聘请梅绍武（梅兰芳五子）为名誉馆长，并邀请梅兰芳其他子女、许姬传（梅兰芳秘书）共同研究，并参考历史照片及影像资料，力求做到精益求精，修旧如旧。现故居格局、摆设、壁画、彩绘等均与梅兰芳生前居住时基本一致。1986 年 10 月 27 日建成纪念馆并正式对外开放。

看点一：匾额

1986年10月27日，梅兰芳诞辰九十二周年之际，邓小平同志亲自题写的“梅兰芳纪念馆”匾额，悬挂在故居大门口。

看点二：“椿楸”不改

二进院大门旁植“春”（椿树）、“秋”（楸树）两棵大树，寓意春秋不改，岁月绵长。

花岗石水池

石墩及花岗石水池

看点三：石墩及花岗石水池

木影壁后有雕刻云纹的四个小石墩，通刻有花纹，一个花岗石水池四角雕着憨态可掬的小石狮。梅兰芳生前曾在里面养金鱼，有观游鱼而练眼神之意。

海棠树

看点四：事事平安

院内种有两棵柿子树和两棵海棠树，海棠为苹果属，与另外两棵柿子树一起，寓意“事事平安”。

柿子树

看点五：故居陈列室

故居陈列室分为三个展室。

第三展室：故居书房

书房陈设，要从梅兰芳先生过去的两个书斋说起。“缀玉轩”是他在北京无量大人胡同旧居的书斋。他迁居上海后，书房里悬挂的是清代金冬心的隶书“梅华诗屋”直匾，并作为他的书室名。迁入护国寺住宅后，书房里就把“缀玉轩”和“梅华诗屋”两个匾额轮流悬挂，书房的家具也依然是原来旧物。靠墙一列长书架上，摆放着瓷器古玩和中西书籍。西墙上挂着张大千的画作。南面临窗的一张镶大理石面的大书桌上放着文房四宝、几卷诗词和曲谱。

大理石书桌

张大千画作

右侧墙上挂着“缀玉轩”匾额

曲谱箱

第四展室：故居客厅、起居室

客厅风格中西兼容，西边一组牛皮沙发，屋顶悬有西式吊灯。沙发前横着一张明代长茶几，旁边是印度画圣难达婆薮为梅兰芳绘制的巨幅画《洛神》。西墙下放置了一尊铜制半身像，是 1919 年他第一次出国去日本演出时，著名雕塑家朝仓文夫赠送的。中间则置有一张六角雕花紫檀木桌和四只红木坐墩，桌上供有一束盛开的梅花，寓示宅院主人的姓氏。东边靠窗两米多高镶嵌贝壳的紫檀穿衣镜，是梅兰芳生前为方便整理容装、练功所用。

起居室放着镶着大理石面的红木圆桌，四周放着几个同样材质的小圆凳。旁边桌上放着一台收音机。梅先生每天必在这里收听广播和看报纸。东侧墙上挂着晚清画师沈蓉圃绘制的《同光十三绝》，是清代同治、光绪年间京剧舞台上享有盛名的十三位演员，用工笔重彩把他们所扮演的剧中人物刻画出来，个个栩栩如生，真实地反映了当时演员的扮相、服饰特点，是极为珍贵的文献资料。

客厅一角

穿衣镜

起居室

卧室单人床

卧室书桌

第五展室：故居卧室

两张单人床并排摆放。梅兰芳公务繁忙经常很晚回家，演出后也习惯晚睡，为不打扰夫人休息分了两张床。一张不大的硬木书桌，一把半旧的西式靠椅，是他经常阅读文件的地方。

看点六：故居陈列室

第一展室 为生平图片展，以大量珍贵图片扼要地介绍了梅兰芳一生的艺术和社会活动。

第二展室（西厢房）原为梅兰芳长子梅葆琛一家居住，现为专题展室，定期更换内容。

第六展室（东厢房）原为梅兰芳之女梅葆玥的居所及家庭餐厅，现为专题展室，并定期更换内容。

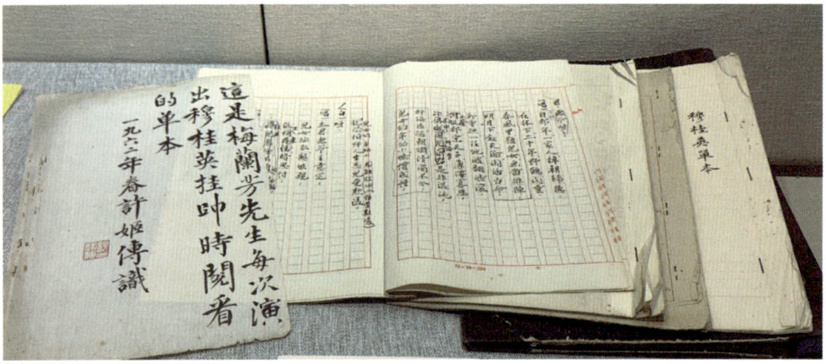

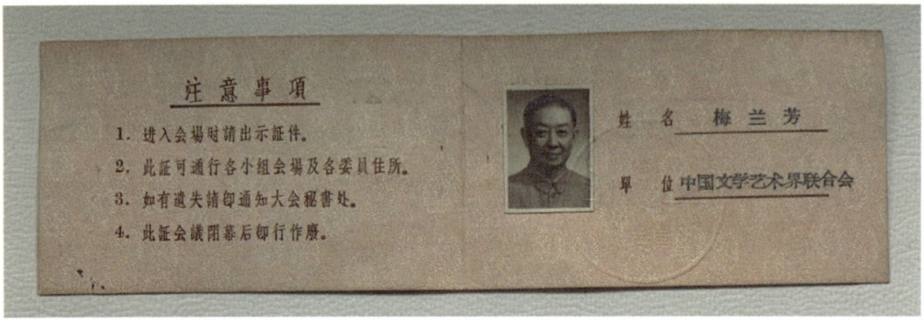

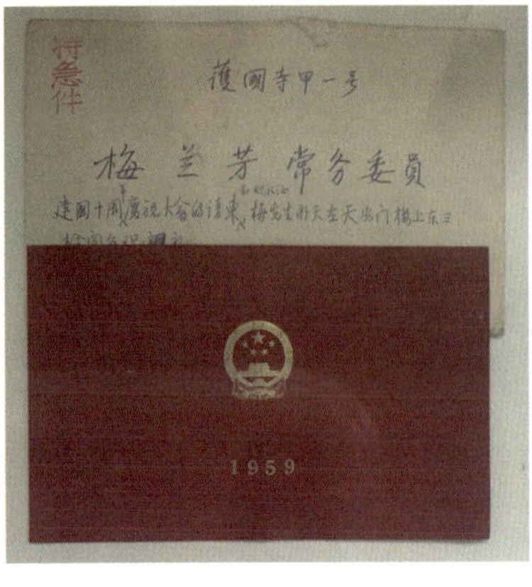

故居陈列室的部分展品

【结语】

深秋是一个非常宁静的日子，没有刻骨的寒冷，只有微冷的风吹过。柿子树上硕果累累，几乎要把树枝压弯一般，倒在屋檐上。海棠树上残留的果实，是繁花落尽的质朴。

听着耳畔的婉转悠扬的唱腔，抬头看向同一片天空，让人感觉仿佛身在一个充满追光的舞台。一招一式、顾盼生辉，一念一唱、山高水长。

艺术总是追求美的，京剧的美体现在各个方面，“海岛冰轮初转腾，见玉兔；玉兔又早东升……”从台词、音乐、服装、道具等方面，美学在京剧上体现得淋漓尽致。人生如戏，戏如人生，万千风华，繁花怒放。曲终人散之时，寂静也是一种美好。

【延伸阅读】

梅兰芳画作

绘画大师

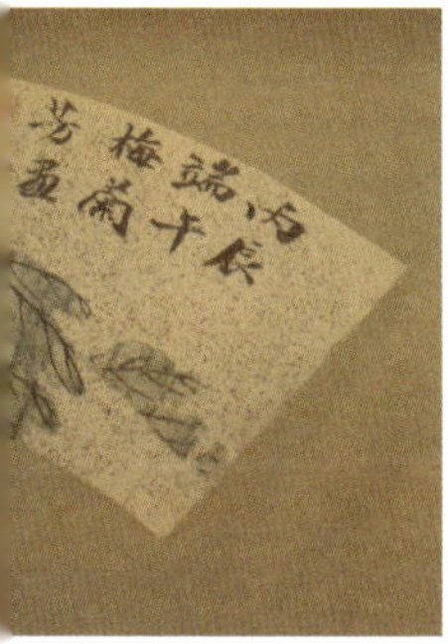

梅兰芳早年在上海时和画家吴昌硕相会，结为忘年交。当时吴老赠予梅兰芳梅花绘画一幅，从此，引起了梅先生对绘画的兴趣。当世名家被他拜了个遍，小有造诣。馆藏了历代名家作品近千幅，齐白石、陈半丁、吴昌硕、黄宾虹、徐悲鸿等画坛巨匠的真迹均有留存。还有当代印度画圣难达婆薮为梅兰芳绘制的巨幅画《洛神》、日本著名画家渡边晨畝赠给梅氏的画、印度诗人泰戈尔亲笔题诗的团扇。原来挂在客厅的还有郎世宁的《双鸽图》、杨州八怪之一金冬心题字的“梅华诗屋”匾、齐白石和陈半丁合画祝梅兰芳六十大寿的条幅、徐悲鸿为他画的肖像《天女散花图》等。

除了历史名画珍品外，还保存了相当数量的梅兰芳本人的绘画作品。齐白石曾有诗赞美梅兰芳的绘画，“飞尘十丈暗燕京，缀玉轩中气独清。难得善才看作画，殷勤磨就墨三升”。

梅兰芳使过用的笔、墨、砚台和笔洗

梅兰芳与齐白石

梅兰芳敬佩齐白石草虫之画技，1924年正式拜齐白石为师。齐白石说："你这样有名，叫我一声师傅就是抬举老夫了，就别提什么拜师不拜师的啦。"但梅兰芳拜师坚持行了跪拜大礼。每次看见齐白石，梅兰芳一定会鞠躬问好，谦恭的样子像个小学生。他学画也非常认真，只要没有排练和演出，一定会按时到齐白石那里学画。齐白石爱看梅兰芳的戏，梅兰芳就经常派黄包车去接齐白石看他的演出。齐白石比梅兰芳年长整整30岁，梅兰芳担心他年纪大，冬天脚冷，细心地嘱咐车夫往车里放一块暖脚的毯子。

齐白石在回忆录中还记录了一段：有一次，我到一个大官家去应酬，满座都是阔人，他们看我衣服穿得平常，又无熟友周旋，谁都不来理睬。我窘了半天，自悔不该贸然而来，讨此没趣。想不到兰芳来了，对我很恭敬地寒暄了一阵，座客大为惊讶，才有人来和我敷衍，我的面子，总算圆回来了。事后，我很经意地画了一幅《雪中送炭图》送给兰芳，题了一诗，有句说"而今沦落长安市，幸有梅郎识姓名"。梅兰芳收到画和诗也很感慨，他认为学生敬师乃天经地义，却蒙齐白石如此感激，心中不安，也给齐白石回了一首诗："师传画艺情谊深，学生怎能忘师恩。世态炎凉虽如此，吾敬我师是本分。"

梅兰芳和齐白石（资料图）

梅兰芳与泰戈尔互赠诗文

1924年5月，著名印度诗人泰戈尔在北京前门外开明戏院观看梅兰芳演出的《洛神》，对梅兰芳出神入化、妙舞翩跹的表演油生感慨，即兴赋诗一首，以孟加拉文和英文共书一柄纨扇上，赠予梅兰芳留念。

诗文如下：
亲爱的，你用我不懂的
语言的面纱
遮盖着你的容颜；
正像那遥望如同一脉
缥缈的云霞
被水雾笼罩着的峰峦。

纨扇

1961年春，为纪念泰戈尔一百周年华诞，梅兰芳特赋一首题为《追忆印度诗人泰戈尔》的五言长诗并序，发表于是年5月13日《光明日报》上。其文如下：“1924年春，泰戈尔先生来游中国，论交于北京，谈艺甚欢。余为之演《洛神》一剧，泰翁观后赋诗相赠，复以中国笔墨书之纨扇。日月不居，忽忽三十余载矣。兹值诗人诞辰百年纪念，回忆泰翁热爱中华，往往情见于词，文采长存，诗以记之。"

诗文如下：

"诗翁昔东来，矍铄霜染叟。高誉无骄矜，虚怀广交友。当日盍簪始，叨承期勖厚。欢赏我薄艺，赠诗吐琼玖。影声描绘深，格律谨严守。紫毫书纨扇，笔势蛟蛇走。微才何足论？鼓舞乃身受。百岁逢诞生，人琴怅回首。纪念谈轶事，肤词扫以帚。惟君恋震旦，称说不去口。愿偕中国人，相倚臂连手。文章与艺术，探讨皆不苟。如忘言语隔，务使青华剖。忆听开讲坛，响声龙虎吼。黑暗必消亡，光明判先后。反帝兴邦意，忧时见抱负。寰球时代新，孤立果群丑。惜君难且出，远识诚哉有。中印金兰谊，绵延千载久。交流文化勤，又最团结取。泰翁早烛照，正气勘不朽。谁与背道驰，路绝知之否。"

此诗一韵见始终，叙事、抒情、言志，颇见梅兰芳深厚的文学功底。

香山题"梅"字

夏季休暑不演出时，梅兰芳和福芝芳同友人常到香山避暑小住，编排新戏、绘画、读书，他们很喜欢香山这个地方。在香山小住时，梅兰芳常同齐如山、李时戟等友人踏青、逛山。一次在逛到"鬼见愁"附近的一拐弯处，发现有一面平坦光滑的山石，在友人建议下，次日他们就携带工具，在石面上书写了一个近两人高的"梅"字，抒发了雅兴。这个写"梅"字的石壁也给梅兰芳惹了一点麻烦。当时香山公园负责人熊希龄先生到家中找梅兰芳，指出在公园里公共场所留名刻字是要受罚的。他提出正在筹办的香山慈幼院资金尚缺，建议梅先生在香山饭店义演一场《宇宙锋》，全部收入捐给香山慈幼院，以抵罚金。梅兰芳欣然接受"处罚"，并立即照办。由李时戟题字、后齐如山雇石匠将字雕刻下

香山“梅”字石

来的这块“梅”石至今还在。孩子们和友人爬香山时，都会去找寻“梅”石，并摄影留念。

落叶归根

在上海打拼了20年的梅兰芳最后却选择回到北京，除了周恩来总理的盛情邀请外，还因为梅兰芳的内心发生了变化。中华人民共和国成立后，梅兰芳发现自己的地位高了，他被称为艺术家，他特别高兴，特别想为人民群众演出。所以，晚年的他开始游走各地，为各方百姓唱戏。再者，梅兰芳出生在北京，晚年回到这里，也算是落叶归根。打拼几十年，梅兰芳找到了一种归宿感和安全感。梅玮说，当时梅家人都住在这座四合院里，梅兰芳和福芝芳的四个儿女、七个孙子全都住在一起，儿孙满堂。

梅兰芳全家福（资料图）

参观时间

9：00 ~ 16：30

（周一闭馆）

扫一扫可观看故居视频

史家胡同

史家胡同西口

胡同街景（一）

胡同街景（二）

“一条小胡同，半个中国史”，是后人对这条独一无二的胡同的评价。

史家胡同东起朝阳门南小街，西至东四南大街，南与东、西罗圈胡同相通，北邻内务部街。明朝属黄华坊，清朝属镶白旗，现仍保存有四全院80座，完整有规模的约30座。

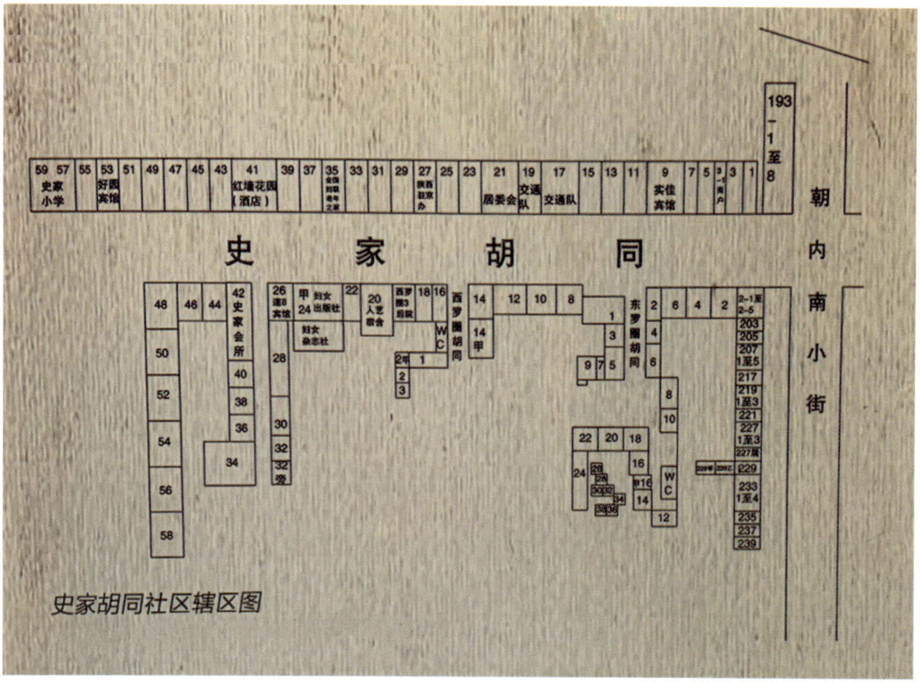

史家胡同社区辖区图（图片引自史家胡同博物馆）

史家胡同一号

臧克家（1905 年—2004 年）

著名诗人，山东潍坊诸城人

闻一多的学生、忠诚的爱国主义者

中国民主同盟盟员

全国人民代表大会代表

全国政协常务委员

中国作家协理事、顾问、名誉副主席

中国文联、委员、委员

中国诗歌学会会长

著有《有的人》《烙印》《罪恶的黑手》《运河》《乱莠集》《从军行》《淮上吟》《随枣行》等著作。

家族

曾祖父：臧俞臣，清同治年间举人，曾任山东聊城县教官。

祖父：臧著仪，清光绪年间举人，曾任大理院录事。

父亲：臧统基，毕业于济南政法学堂。

史家胡同 1 号

为主席改诗

毛泽东曾经给邓颖超寄诗，“请痛改为盼”。但是，有“痛改”毛诗的修养和水平的，特别是有“痛改”的勇气的，很少很少，而臧克家就是替毛泽东改诗的人。

1957 年初，毛泽东约请诗人臧克家和袁水拍去做客。臧克家就借此机会向毛泽东请教，《沁园春·雪》中的“原驰腊象”的“腊”怎么讲。毛泽东没有作答，而是反问臧克家的意见。毛泽东的“腊”可能是指“真腊”，即柬埔寨的古称，古柬埔寨出产白象。臧克家建议改“腊”为“蜡”，这样，“山舞银蛇”和“原驰蜡象”就更加对应，“蜡象”也更通俗，毛泽东欣然同意。7 年以后，1964 年元旦，在《毛泽东诗词》出版前，按照毛泽东写出的名单，中办邀请朱德、邓小平、彭真、郭沫若、臧克家、冯至等人座谈，征求意见。臧克家在会后将自己在发言中所提的 23 条意见，交给毛泽东的秘书田家英。臧克家说，后来公开出版的《毛泽东诗词》采纳了 23 条意见中的 13 条，最著名的是对七律《登庐山》的修改。“一山飞峙大江边，跃向葱茏四百旋”，在毛泽东的手稿里是“跃向葱茏四百盘”；而“冷眼向洋看世界，热风吹雨洒江天”在手稿里则是“热肤挥汗洒江天”。定稿和手稿相比，的确诗意更浓。

史家胡同二号

胡绳（1918 年—2000 年）

原名项志逖

祖籍安徽歙县，籍贯是浙江钱塘，出生于江苏苏州。

我国著名哲学家、近代史专家。

曾任中国人民政治协商会议第七、八届全国委员会副主席、中国社会科学院院长。

著有《从鸦片战争到五四运动》《中国共产党的七十年》《现实主义当代流变史》《马克思主义与改革开放》《童稚集》《帝国主义与中国政治》《理性与自由》《历史和现实》《枣下论丛》等。

史家胡同 2 号

史家胡同三号

杨朔（1913 年—1968 年）

山东蓬莱人。

当代著名作家，中国作家协会第二届理事，中华全国总工会文艺部部长。

著有《荔枝蜜》《泰山极顶》《蓬莱仙境》《雪浪花》《海市》等。

史家胡同3号

史家胡同八号

乐松生（1908 年—1968 年）

浙江省海慈水镇（今属慈溪市）人，生于北京。

同仁堂乐氏第十三代传人。

1927 年中学毕业后，到伯父乐达仁在天津所开达仁堂药店学业，后到北京其父所开同仁堂药店从业。

中华人民共和国成立初，乐松生开始试办中药提炼厂，并聘请北京大学药学系教授成立国药改进研究室，试制银翘解毒丸、香莲片、女金片、黄连上清丸等产品，获得成功。

家族

四世祖乐显扬：清朝太医院的吏目，决心开设药铺，悬壶济世，将毕生钻研的方药、药材知识以及修合之道贡献出来。将药铺命名为“同仁堂药室”。

同仁堂乐氏第十二代传人乐达聪（电视剧《大宅门》白景琦原型）在济南魏家庄创建宏济堂，与北京“同仁堂”、杭州“胡庆余堂”并誉为中国“三大名药店”。

俞启威（又名黄敬）（1912 年—1958 年）

浙江绍兴人，生于北京。

中国共产党高层领导人之一，冀鲁豫边区的主要创建者之一，曾任天津市长、第一机械工业部部长。

家族

曾祖父：俞文葆，清咸丰元年举人，知东安县，后任知府，生三子一女：明震、明观、明诗、明颐。

祖父：俞明震，清光绪十六年中进士，是清代俞家学历最高、官阶最高、影响也最大的人。俞明震曾在南京江南水师学堂任督办，即校长，有一个学生在他的帮助下到了日本仙台医学专科学校（现在的东北大学医学院）学习，这位学生名叫鲁迅。

叔祖父：俞明颐，湖南武备学堂总办、湖南督练公所（清政府训练新军的部门）兵务总办，1904 年前后担任过湖南学政，还曾担任过中国最悠久的出版机构——商务印书馆的董事。娶曾国藩孙女曾广珊为妻。

祖姑母：俞明诗，嫁给湖南巡抚陈宝箴之子陈三立，生子陈寅恪，为一代国学大师。

父亲：俞大纯，留学日本、德国，曾任北洋政府工艺局长、陇海铁路局局长。

母亲：范瑾，北京日报报业集团的奠基人。历任晋察冀财经办事处主任秘书，晋察冀日报社编委、采访通讯部主任，中共华北局办公所秘书。

姑姑：俞珊，表演艺术家，曾主演《沙乐美》《卡门》等著名影视剧，中华人民共和国成立后在江苏京剧团及中国戏曲研究院工作，嫁给戏剧家赵太侔。

堂伯：俞大维，曾任中华民国交通部部长、国防部部长等职。娶陈宝箴孙女，陈三立次女陈新午为妻。

堂姑：俞大彩，国学家、历史学家傅斯年夫人。

史家胡同 8 号

史家胡同二十三号

卫立煌（1897 年～ 1960 年）

安徽省合肥县（现属包河区）人

中华民国高级将领，国军陆军二级上将，是“五虎上将”之一。中华人民共和国全国人大代表、全国政协常委、国防委员会副主席。

家族

夫人：韩权华，中学时和邓颖超是同学，1922 考入北京大学中文系，是当时的北大“校花”。

岳父：韩诵裳，北平盐业银行经理，中华人民共和国成立后任全国政协委员。

妻妹：韩咏华，梅贻琦夫人。

史家胡同 23 号

史家胡同 23 号院模型

史家胡同二十四号

凌叔华和陈西滢（资料图）

凌叔华（1900 年 –1990 年）

生于文化古城北京的一个仕宦与书画世家，是其父与第四位夫人所生，姊妹四人，排行第三，在家里排行第十。

家族

丈夫：陈源（陈西滢）1912 年留学英国，在爱丁堡大学和伦敦大学的政治经济学专业学习。1922 年回国，任北京大学外文系教授。被梁实秋誉为“五四”以来中国五大散文家之一（另外四位为胡适、周作人、周树人、徐志摩）。1924 年，陈在胡适的支持下与徐志摩、王世杰等共创《现代评论》杂志，主编其中的《闲话》专栏。

父亲：凌福彭，清光绪十九年中举人，与康有为同榜进士，历任清朝户部主事兼军机章京、天津知府兼天津工艺局及习艺所督办、保定知府、天津道长芦盐运使、顺天府尹代理、直隶布政使。

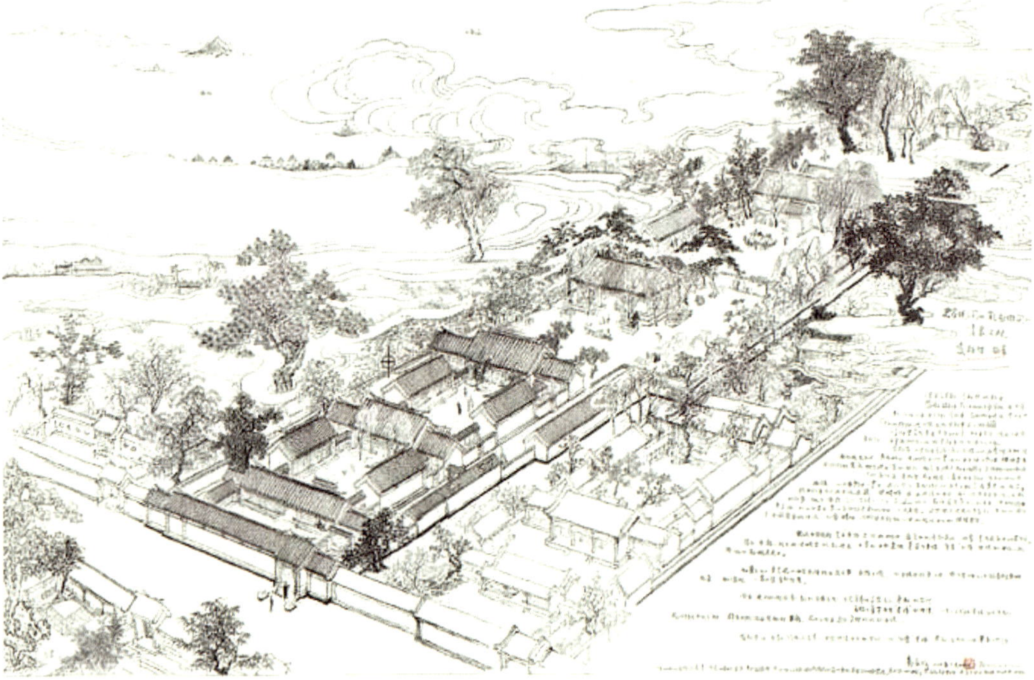

凌家大院旧图（资料图）

史家胡同博物馆原来的规模是一个五进的大院子，横跨两个胡同，南门开在干面胡同，北门开在史家胡同，现在的博物馆是之前院子的后花园，凌叔华结婚时凌福彭给的陪嫁。

史家胡同 24 号

家庭环境

凌叔华幼时拜王竹林为师，又师从女画家郝漱玉，齐白石和慈禧太后的画师缪素筠也教过她作画、国学大师辜鸿铭教她英文兼古典诗词、康有为则教她书法、周作人教她写作。

她精于词章、酷爱绘画，曾与齐白石、姚茫父、王云、萧厘泉、周启祥、金城、王梦伯、陈半丁、陈寅恪等著名画家过从甚密，组织了 " 北京画会 "，家里常有文人墨客出出进进。

朱光潜评过凌叔华的画，他评论说："取材大半是数千年来诗人心灵中荡漾涵泳的自然……在这里面我所认识的是一个继承元明诸大家的文人画师，在向往古典的规模法度之中，流露出她所特有的清逸风怀和细致的敏感……看她的画，我们在静穆中领略生气的活跃，在本色的大自然中找回本来清净的自我。"

民国时期，文人们不定期地聚会成为一种时尚，凌宅的大书房成为当时文人们聚会交流的热门场所之一，被称为"小姐家的大书房"，比起 20 世纪 30 年代林徽因的"太太的客厅"早了近十年。

接待泰戈尔

泰戈尔在燕京大学演讲，凌叔华就在听众席上。结束后她向访华团中的一位画家发出邀请，参加中国画家组织的聚会，泰戈尔一行人欣然赴约。

为了接待泰戈尔一行人，她特意准备数百枝新鲜玫瑰、精致的中式糕点和杏仁茶招待贵宾。一同前来的还有徐志摩、胡适、林徽因、陈西滢等一批文化名流。大家欣赏墙上画家们的画作，耳边传来阵阵古琴的声音。在这次画会上，凌叔华展示了她无与伦比的才学和灵气。

那时画会交流十分活跃，画会高潮处，许多大师即兴泼墨。其间凌叔华也曾邀请泰戈尔作画，泰戈尔欣然接受了邀请，在檀香木片上画了莲叶和佛像。

泰戈尔后来向徐志摩称赞，她比林徽因有过之而无不及。由此凌叔华成功进入新月社的圈子。这里聚集了徐志摩、陈西滢这样的年轻才子精英，又有胡适这样有名望和影响力的人物。不久，她成为由徐志摩任主编的《晨报副刊》、由陈西滢任主编的《现代评论》力捧的女作家，从此迎来她人生中最辉煌的时代。

凌叔华、陈西滢结婚照（资料图）

爱情婚姻

陈西滢当时担任《现代评论》的主笔，凌叔华本身就是才女，也经常在期刊上发表小说。儒雅的陈西滢越看越欢喜，就在这种欣赏中，两人悄悄地谈起恋爱，但是很低调也很私密，几乎所有人都不知道。但也有知道的，比如胡适，他在中间扮演了重要角色，凌叔华在婚前像每一个浪漫的少女一样，对爱情的甜蜜有无限憧憬。她写信给胡适吐露自己的美好期待："在这麻木污恶的环境中，有一事还是告慰，想通伯（指陈西滢）已经向你说了吧？这是我们两年来第一桩心事现在已有结论，当然算是最值得告诉朋友的事，适之，我们该好好谢谢你才是。"

1926 年 7 月，陈西滢与凌叔华这对有情人终成眷属，婚礼并不奢华，朴素简单。婚后不久两人去了日本，一边学习一边度蜜月。

落叶归根

凌叔华曾在《古韵》最后一篇的结尾处写道："我多想拥有四季。能回到北京，是多么幸运啊！"史家胡同那所大宅，有幸福快乐，也有辛酸悲凉，却一直是她魂牵梦萦的地方。

1989 年冬天，凌叔华意识到漫长一生所剩之路不长了，此时她几乎不能行走，但还是决心启程回到北京。1990 年春天，弥留之际的凌叔华被抬在担架上回到史家胡同的旧居，这里已经成了大杂院和幼儿园。她望着天空低语："妈妈正等着我吃饭呢。"1990 年 5 月 22 日——也就是重游北京后的第六天，凌叔华在北京逝世。

凌叔华晚年回故居照片（资料图）

史家胡同三十三号

王炳南（1909 年 –1988 年）

陕西乾县人。

原外交部副部长。

1945 年抗日战争胜利后，参加重庆谈判工作，担任毛泽东主席的秘书。

中华人民共和国成立后，担任政务院外交部办公厅主任、部长助理，协助周恩来总理筹组外交部机关，开展外事工作。

1955 年任中国驻波兰大使，兼中美大使级会谈中方第一任首席代表，参加了长达九年的中美会谈。

1964 年回国，任国务院外交部副部长。

史家胡同 33 号

门口的石墩

史家胡同四十七号

傅作义（1895 年 –1974 年）

山西荣河（今山西省临猗县孙吉镇安昌村）人。

先后参加过辛亥革命、北伐战争、中原大战、绥远抗战等众多战役，是上个世纪声名赫赫的百战将军。

中华人民共和国成立后，历任中央人民政府委员，水利部、水利电力部部长，四届全国政协副主席，国防委员会副主席。曾任水利部（后来的水利电力部）部长长达 22 年之久，为我国水利事业的发展做出了重要贡献。

傅作义在绥远大兴水利，提出治军治水并重的口号，让偏僻的绥远地区成为“塞上江南”。

1949 年，北平和平解放，是他“献出”了北平城。

毛主席说，他的功劳配得上一枚“大坛一样大的奖章”。

布衣将军

1912 年，傅作义被保送进入北京清河镇第一陆军中学学习军事。因不注意节省，花完了生活费，只好向同学借了 20 两银子。这年放寒假回家，对父亲说了借钱的事，父亲听后并没有责怪他，而是带他来到黄河边，对他说：“这里不是学校，就不要有那么多的讲究了，还是脱掉军装跟我一起下河吧。”这时只见父亲已经脱掉了衣服，“扑通”一声跳入了冰冷的河水中。傅作义赶紧脱掉军装，也跟着父亲一起跳了下去。他在跳进河水的一刹那，顿感寒气沁骨，浑身不由瑟瑟发抖。这时，只听父亲似乎是漫不经心地对他说：“从这里背一个客人到对岸，能挣两枚铜钱，我给你的学费和生活费，就是这样一点点积攒来的。”

父亲的话，让傅作义羞愧难当，眼前不由浮现出父亲艰难背人过河的情景——20 两银子，父亲得背多少人才能挣来啊！

傅作义返校时，父亲除给他足够的学费和生活费外，又额外给他称了所欠的 20 两银子。傅作义看见，父亲在称那 20 两银子时，双手不停地颤抖，一会放上，一会又取下，用了约半小时才称好。眼前的一幕，深深震撼了傅作义，连同父亲站在冰河里的那番话，成了他心底永久的记忆。

尽管傅作义后来青云直上，指挥千军万马，但他始终不敢忘记父亲的教诲，一生崇尚简朴，人称“布衣将军”。

史家胡同 47 号

史家胡同五十一号

章士钊（1882 年 –1973 年）

湖南长沙人。

曾任北洋政府司法总长兼教育总长。

期间资助过同乡学子毛泽东等人曾为营救李大钊奔走、为陈独秀出庭辩护、也与鲁迅有过著名的新旧文化之争、又出任段祺瑞内阁的司法总长和教育总长、还做过杜月笙的高级顾问。中华人民共和国成立后，任全国人大常委会委员、中央文史馆馆长。

家族

妻子：吴弱男，光绪三十一年(1905 年)加入同盟会，任孙中山英文秘书。建国后任上海市政协委员、文史馆员。

岳父：吴保初，与陈三立、谭嗣同、丁惠康赞同维新，时人称为“清末四公子”。是淮军将领、广东水师提督吴长庆之子。

养女：章含之，曾担任毛泽东的英文教师，中国著名外交家。

外孙女：洪晃，中国互动媒体集团的 CEO，《世界都市 iLOOK》

杂志主编兼出版人。曾为《三联生活周刊》杂志撰写专栏。

1959 年，周恩来总理亲自出面，将 51 号院赠予章士钊。其实如今的 51 号院也只有原先一半，另一半就是如今的内务部街甲 36 号。

房屋基本布局

原本是一座三进四合院，第三进院子分出，在内务部街南侧另僻街门，形成独立院落。现在的 51 号院最终是一座二进的四合院。二进院落有正房和东、西厢房各 3 间，院内有抄手游廊；正房左右各有耳房 1 间，北部抱厦部分的隔扇由两座八方屏门组成，屏门顶部有一个楼阁式书橱，上有朝天栏杆，西里间屋有一架楼梯通向书橱，室内栽有海棠、苹果等树木，环境幽雅。

入住始末

有段时间，章士钊借住在东四八条的朱启钤（北洋政府交通总长）家，两家人住在一起生活很不方便。1959 年，周总理去看望章士钊，当看到拥挤不堪的书房兼客厅时，他连声自责，说没有关心到。回去后，总理立即报告了毛主席，并且指示国务院管理局为章士钊找一处四合院住宅。后来，章夫人选中了史家胡同 51 号院（当时的门牌是史家胡同 24 号），因为在东城住了十年，对周围的环境比较熟悉。周总理郑重其事地对章士钊说，他请示了毛主席，这房子是送给章士钊的，感谢他对共产党的帮助和合作。

1960 年，史家胡同的房子重新修缮完工，周总理特意请章士钊吃饭，并说“行老（章士钊，字行严）对中国共产党有过许多帮助，这幢房屋算我们送给你的。”章笑答：“我一生既无动产，也无不动产，要是收下这房子，我倒在解放之后反成有产阶级的房产主了。”总理说：“那也好，房子永远归行老和家眷居住，由你们管理。”

院子模型

模型近景

从此，章士钊一家搬进了宽敞明亮的史家胡同51号院。

章士钊与毛泽东

（一）

1920年，毛泽东为筹备党的成立、湖南革命运动以及一部分同志去欧洲勤工俭学，急需一笔数量较大的银款。当时在上海的毛泽东只好向老乡章士钊告急。章士钊当即在上海工商界名流中筹集了两万银元，全部交给了毛泽东。随后，毛泽东将此笔巨款一部分给了赴法勤工俭学的同志，一部分带到湖南开展革命活动。

此后，毛泽东和章士钊一直没有中断联系。抗日战争胜利后，毛泽东前往重庆谈判，又一次与章士钊见面。毛泽东特意为章士钊帮助解决留法勤工俭学学生旅费的事情再次向其表示感谢。谈判后期，毛泽东见到章士钊问他：“关于重庆谈判的事，你怎么看？”章士钊在手上写了一个“走”字，并小声说道：“三十六计走为上策。”明确地表示蒋介石对和谈并没有诚意，重庆乃是虎穴之地。

（二）

毛泽东读完英文后，满有兴致地和英文老师章含之散步，在闲谈中忽然想起自己在1920年间，曾经向章士钊借两万大洋的事情，毛泽东要章含之转告她父亲：“从今年春节开始，要还这笔欠了近五十年的债。一年还2000，十年还完。”章含之回到家把事情说了一遍。章士钊哈哈大笑说：“确有此事，主席竟还记得。”

对此，章士钊嘱咐章含之说：“告诉主席，不能收此厚赠。当时的银元是募集来的，自己也拿不出这笔巨款。”章含之将父亲说的话转告给毛泽东。毛泽东笑着说：“你也不懂，我这是用我的稿费给

史家胡同 51 号

行老（章士钊，字行严）一点生活补助啊。他给我们共产党的帮助，哪里是我能用人民币偿还得了的呢？我要是说明给他补助，他这位老先生的脾气我知道，是不会收的。所以我说是还债。你告诉他，我毛泽东说的，欠的账无论如何要还的。这个钱是从稿费中抽的。”从1963年春节起，毛泽东每逢春节初二这天，总是派秘书给章士钊送去2000元，直到1972年送满两万元。

1973年春节过后不久，毛泽东又认真地向章含之提出：“从今年开始还利息。50年的利息我也算不清应该多少。就这样还下去，行老只要健在，这个利息是要还下去的。”

毛主席的英文老师

章含之成为毛主席的英文老师源于她父亲和毛泽东的关系。1963年12月26日是毛泽东70寿辰。除了亲属，毛泽东又请了程潜、叶恭绰、王季范和章士钊四位湖南老乡去赴家宴。邀请时特意说明，不带夫人但可带一名子女。章士钊便带了章含之。

当时，章含之已是年近30的英文教师，毛泽东问了她的工作情况后说：“章老师，你愿不愿当我的老师啊？仞我跟你学英语。”章含之以为毛泽东是在说玩笑话，忙说：“主席，我哪敢当您的老师，您是我们大家的老师。”毛泽东却很认真：“教英语我就当不了老师了，还要拜你为师啊！”章含之真不知如何回答，章士钊打圆场说：“主席什么时候要含之来，告诉她就是了。”

一周后，毛泽东的外事秘书林克打来电话要章含之定个开始教英语的日期。

于是，从1964年元旦后的那个星期日开始，章含之至毛泽东那里教英语，每次一个多小时，持续了半年。

史家胡同五十三号

洪钧和赛金花结婚照（资料图）

洪钧（1839 年 –1893 年）

江苏吴县（今苏州）人。

清朝外交家。

清同治七年戊辰科状元，先后任湖北学政，内阁学士，兵部左侍郎。

洪状元充任出使俄国、德国、奥地利、荷兰四国外交大臣，因正妻惧怕外国礼节，遂带着小妾苏州名妓傅彩云出国。

洪钧死后，傅彩云无法在洪家立足，遂离开重操旧业，改艺名为赛金花。时人曾朴以洪钧、彩云为主线，写了清末四大谴责小说之一的《孽海花》。

也曾是大太监李莲英的外宅。

张治中（资料图）

范汉杰（资料图）

民国时期，先后住过张治中（爱国将领）、范汉杰（抗日将领）等高官。

1949 年后被全国妇联接收，帅孟奇、邓颖超、康克清等都曾在此办公。

史家胡同 53 号

匾额近景

1984 年，此院改为好园宾馆，门楼上是邓颖超的题字“好园”，寓意“女子园”。

史家胡同五十五号

曾经居住和使用过的人：

- 孙士毅，清朝大臣。
- 焦祐瀛 咸丰遗诏辅政“顾命八大臣”之一，一度称为焦家大院。
- 1919 年为挪威公使馆。
- 朝鲜大使馆。
- 55 号，中共元老李维汉故居，其子李铁映（中央政治局委员）。
- 国民党起义将领刘文辉、原四川省委书记李井泉。

史家胡同 55 号

史家胡同五十九号

史家胡同 59 号

清朝曾在此建起“左翼宗学”，当时只招收八旗左翼的镶黄、正白、镶白、正蓝四旗子弟入学。

雍正皇帝将八旗分为两部分，镶黄、正白、镶白、正蓝四旗为左翼，旗下宗室在此读书；而正黄、正红、镶红、镶蓝四旗为右翼，学堂设在西单石虎胡同。

1905 年改为“左翼八旗第五初等小学堂”。

1910 年改为“左翼八旗中学堂”。

1912 年又改为“京师公立第二中学校”，现改为史家小学低年级部（京城最著名的小学之一）。

从游美学务处到清华大学

庚子赔款的退款兴学办教育，在此设立“游美学务处“，负责选派游美留学生，消息传出来，全国各地630多名考生一起在史家胡同游美学务处报名。应考游美学务处最初设在北京东城侯位胡同的一所民房中，不久之后搬迁到东城区史家胡同，1911年3月迁入清华园工字厅，定名为清华学堂。

按照中美达成的留美学生规程：自退款的第一年起，清政府在最初的4年内，每年至少应派留美学生100人。如果到第4年派足了400人，则自第5年起，每年至少要派50人赴美，直到“退款”用完为止。被派遣的学生必须是“身体强壮，性情纯正，相貌完全，身家清白，恰当年龄”，中文程度须能作文及有文学和历史知识，英文程度能直接入美国大学和专门学校听讲，并规定他们之中，应有80%学生学习农业、机械工程、矿业、物理、化学、铁路工程、银行等，其余20%学生学习法律和政治等。

第一次考试是1909年9月4日至11日，具体时间与考题为：

9月4日 国文考试

9月5日 英文考试

9月7、8日校阅试卷，按分数高低张榜公示，录取者可接着进行下面的考试。

9月9日 代数、平面几何、法文、德文、拉丁文考试

9月10日立体几何、物理、美史、英史考试

9月11日 三角、化学、罗马史、希腊史考试

英文及西洋诸学科，都是美国公使馆命题

国文与中国史由清朝学部命题

录取比例13:1，最终47人入榜，其中包括梅贻琦（清华大学校长）、胡刚复（现代物理奠基者）、徐佩璜（著名化工学家）等。

第一批赴美人员（资料图）

1910 年进行了第二次考试，一共 400 人参加，最终录取 70 名，其中包括赵元任（著名语言学家和作曲家）、竺可桢、胡适等。

从游美学务处成立的第一天起，就树立了缜密严谨，一丝不苟的作风，为后来清华的发展奠定了坚实的基础。

附录

北京名人故居不完全名录——东城区

编号	相关名人	公布名称	地址	文保级别	公布年份	保护状况	备注
1	崇礼		东四六条 63 号、65 号	国家级	1988	较好	
2	毛泽东（1）		景山东街三眼井吉安所左巷 8 号	市级	1979	民宅	民房，2002 年政府拨款修缮
3	文天祥		府学胡同 63 号	市级	1979	较好	开放单位
4	于谦		西裱褙胡同 23 号	市级	1984	较好	开放单位
5	老舍		灯市口西街丰富胡同 19 号	市级	1984	较好	开放单位
6	茅盾		交道口后圆恩寺胡同 13 号	市级	1984	较好	开放单位
7	蒋介石		交道口后圆恩寺胡同 7 号、9 号	市级	1984	较好	友好宾馆
8	孙中山、顾维钧		张自忠路 23 号	市级	1984	较好	招待所
9	志和、崇祯田贵妃、同治静懿妃、荣惠妃		府学胡同 36 号（包括交道口南大街 136 号）	市级	1984	较好	原天主教神学院
10	婉容		帽儿胡同 35 号、37 号	市级	1984	民宅	35 号为杂院，37 号花园为会所
11	宾俊		礼士胡同 129 号	市级	1984	较好	
12	明瑞、清宣宗六女寿恩公主		内务部街 11 号	市级	1984	一般	
13	左宗棠、傅雪斋		西堂子胡同 25~37 号	市级	1990	一般	
14	文煜、冯国璋		帽儿胡同 11 号	市级	1995	较好	原朝鲜大使馆
15	陈独秀		箭杆胡同 20 号	市级	2001	较好	开放单位
16	塞尚阿		东堂子胡同 49 号	市级	2003	一般	公安部信访办
17	奎俊 (1)		沙井胡同 15 号	市级	2003	较好	
18	奎俊 (2)、顾孟余		黑芝麻胡同 13 号	市级	2003	较好	
19	杜聿明		美术馆东街 25 号	市级	2001	一般	
20	小德张、徐海东、陈毅		前永康胡同 7 号	市级	2003	较好	
21	洪承畴	金台书院	东晓市大街 203 号	市级	1984	较好	金台小学
22	孙连仲、陆定一		北总布胡同 2 号	区级	1984	一般	
23	朱启钤		赵堂子胡同 3 号	区级	1984	民宅	

编号	相关名人	公布名称	地址	文保级别	公布年份	保护状况	备注
24	蔡元培		东堂子胡同75号	区级	1984	一般	
25	杨昌济、毛泽东、杨开慧		豆腐池胡同15号	区级	1984	年久失修	
26	楚图南、绵宜		东四四条5号	区级	1984	一般	
27	段祺瑞		仓南胡同5号	区级	1984	一般	
28	桂祥、隆裕	桂公府	朝阳门南小街芳嘉园胡同11号、新鲜胡同40号	区级	1984	较好	部分建筑拆除
29	李莲英	好园宾馆	史家胡同55号	区级	1984	较好	
30	唐绍仪、梁敦彦		麻线胡同3号	区级	1984	一般	
31	麟庆		黄米胡同5号、7号、9号	区级	1984	一般	
32	沙千里		东四六条55号	区级	1986	民宅	
33	田汉		东四北大街细管胡同9号	区级	1986	一般	田汉基金会、民房
34	欧阳予倩		张自忠路5号	区级	1986	民宅	
35	荣禄		菊儿胡同3号、甲5号，寿比胡同6号	区级	1986	较好	部分拆除，部分商业用房
36	梁启超		北沟沿胡同23号	区级	1986	民宅	
37	齐白石		南锣鼓巷雨儿胡同13号	区级	1986	较好	开放单位
38	叶圣陶		东四八条71号	区级	1986	较好	
39	俊启		东皇城根南街32号	区级	1986	民宅	
40	马辉堂		魏家胡同18号	区级	1986	民宅	
41	李莲英		东兴隆街52号	区级	1984	较好	同仁堂集团
42	郝寿臣		崇外奋章胡同53号	区级	1989	较好	崇文区文物管理所
43	马寅初		东总布胡同32号	保护院落	2004	较好	
44	俞平伯		朝内北竹竿胡同38号	保护院落	2004	一般	
45	梁实秋		内务部街39号	保护院落	2004	一般	
46	艾青		东四十三条97号	保护院落	2004	一般	原门牌号20号
47	章乃器		灯草胡同30号	保护院落	2004	一般	
48	路易·艾黎		台基厂大街1号	普查项目	1999	较好	

编号	相关名人	公布名称	地址	文保级别	公布年份	保护状况	备注
49	乐家宅院		什锦花园胡同 43 号	普查项目	1999	较好	
50	王子斌	源顺镖局	西半壁街 13 号	普查项目	1985	一般	
51	罗瘿公		草场头条胡同 7 号			民宅	
52	李宗仁		王佐胡同 1 号			一般	
53	吴佩孚		什锦花园胡同 23 号			改建	东城区人事局
54	裕谦		东四五条 3 号			较好	
55	徐世昌		东四六条铁营胡同 3 号			一般	128 中校舍
56	朱启钤		东四八条 111 号			一般	
57	管平湖		东四十三条 17 号			一般	10 平方米平房
58	洪承畴		南锣鼓巷 59 号			改建	仅存北房三间
59	文康 (2)		东不压桥胡同 16 号			一般	
60	载涛 (1)		山老胡同			民宅	
61	载涛 (2)		西扬威胡同 14 号			一般	四合红庭餐饮
62	冰心		张自忠路中剪子巷 33 号			一般	
63	张申府		黄化门 5 号			改建	
64	萧乾		门楼胡同			民宅	胡同东部路北临街平房最东两间
65	裕容龄		东皇城根南街 48 号			一般	
66	靳云鹏		东棉花胡同 39 号			一般	
67	朱光潜		地安门内慈慧胡同 3 号			较好	
68	章太炎		钱粮胡同 19 号			较好	原门牌号为 4 号
69	庄士敦		张旺胡同			民宅	
70	敬信		礼士胡同 123 号			较好	民国“蒙藏院”，礼士胡同小学
71	张西曼 (1)		翠花胡同 12 号			较好	
72	张西曼 (2)		东四八条 49 号			改建	
73	何思源、袁世凯		锡拉胡同 19 号			较好	东城区卫生局第一幼儿园
74	沈从文		东堂子胡同 51 号			民宅	原历史博物馆宿舍

北京名人故居不完全名录——西城区

编号	相关名人	公布名称	地址	文保级别	公布年份	保护状况	备注
1	宋庆龄		后海北沿 46 号	国家级	1982	较好	开放单位
2	郭沫若（1）		前海西沿 18 号	国家级	1982	较好	开放单位
3	李大钊		文华胡同 24 号	市级	1979	较好	开放单位
4	鲁迅（1）		北京市西城区阜成门内西三条 21 号	市级	1984	较好	开放单位
5	梅兰芳		护国寺街 9 号	市级	1984	较好	开放单位
6	齐白石		跨车胡同 13 号	市级	1984	年久失修	
7	程砚秋		西四北三条 39 号	市级	1984	较好	
8	马福祥		西四北三条 11 号	市级	1984	较好	西四北幼儿园
9	熊希龄	克勤郡王府	新文化街 53 号	市级	1984	较好	新文化街第二小学
10	崇厚、富双英		前公用胡同 15 号	市级	1984	民宅	
11	张廷阁		西交民巷 87 号	市级	1984	较好	部分作为住宅
12	祖大寿		富国街 3 号	市级	1995	改建	北京市第三中学
13	徐世湘		地安门西大街 153 号	市级	2003	较好	北京市电化教育馆
14	魏子丹		阜成门内大街 93 号	市级	2003	较好	
15	顾炎武	报国寺、顾亭林祠	广安门内报国寺前街 1 号	市级	1984	改建	古玩市场
16	邵飘萍	《京报》馆	魏染胡同 30 号、32 号	市级	1984	较好	开放单位
17	康有为	南海会馆	米市胡同 43 号	市级	1984	民宅	
18	毛泽东	湖南会馆	烂漫胡同 101 号	市级	1984	改建	宣武幼儿园
19	孙承泽	安徽会馆	后孙公园胡同 3 号、25 号、27 号	市级	1984	一般	戏楼
20	杨继盛	杨椒山祠、松筠庵	宣外达智桥胡同 12 号、校场三条 2 号	市级	1984	民宅	市政府宿舍
21	纪晓岚、刘少白	纪晓岚故居	珠市口西大街 241 号	市级	2003	较好	开放单位、晋阳饭庄西侧
22	诚儒	会贤堂	西城区前海北沿 18 号	市级	2003	年久失修	中国音乐学院、北师大教工宿舍
23	张自忠		府右街丙 27 号	区级	1989	较好	北京市自忠小学
24	盛宣怀、董必武、安德海、王荫太、康生	盛园	小石桥胡同 24 号	区级	1989	较好	现为竹园宾馆

编号	相关名人	公布名称	地址	文保级别	公布年份	保护状况	备注
25	唐绍仪、冯玉祥		翠花街5号、7号	区级	1989	民宅	
26	魁璋、何基沣	奎公府	宝产胡同23号、25号、27号、29号	区级	1989	较好	何基沣居29号
27	周作民	霱公府	西绒线胡同51号	区级	1989	较好	
28	鲁迅（2）	绍兴会馆	南半截胡同7号	区级	1990	年久失修	
29	谭嗣同	谭嗣同故居	北半截胡同41号	区级	1986	民宅	
30	荀慧生	荀慧生故居	山西街甲31号	区级	1986	较好	院门牌号为6号
31	沈家本	沈家本故居	上斜街金井胡同1号	区级	1990		开放单位
32	林白水	林白水故居	棉花头条胡同1号、四川营胡同13号	区级	1990	较好	开放单位
33	毛世来		培英胡同29号	保护院落	2003	民宅	原大马神庙15号
34	马海德		后海北沿24号	保护院落	2003	较好	
35	陈叔通		头发胡同56号	保护院落	2003	一般	
36	施今墨		东绒线胡同74号	保护院落	2003	民宅	
37	马连良		复兴门内大街54号			改建	饭店
38	蔡锷		棉花胡同66号			民宅	国家气象局宿舍
39	陆润庠、冯公度		西四羊肉胡同73号、甲75号			改建	
40	鲁迅（3）		八道湾胡同11号			民宅	苦雨斋
41	庄士敦、米勒、马海德	桂公府	油漆作胡同1号、21号、23号			民宅	
42	张之洞		白米斜街11号			改建	单位宿舍
43	兆惠		前井胡同3号			年久失修	单位办公
44	任弼时		大红罗厂南巷1号			较好	后人居住
45	溥杰		护国寺街52号			较好	全国政协协力国际经济文化交流中心
46	陈垣		兴华胡同13号			改建	辅仁大学校友会
47	老舍		小杨家胡同8号			改建	
48	张学良（1）		文昌胡同15号			一般	
49	张伯驹		后海南沿26号			改建	

编号	相关名人	公布名称	地址	文保级别	公布年份	保护状况	备注
50	田间		后海北沿38号			较好	
51	周怀民		西海西沿7号旁门			较好	
52	刘绍棠		光明胡同45号			较好	
53	曹雪芹		大翔凤胡同6号			民宅	
54	丁玲		大翔凤胡同3号			较好	
55	吴晗（1）		头发胡同1号			较好	
56	吴晗（2）		北长街38号西院			较好	
57	于右任		地安门西大街199号			较好	
58	王稼祥		三座桥胡同24号			较好	
59	黄炎培		安儿胡同1号			较好	凯利公司
60	张学良（2）		新建胡同12号			较好	国务院幼儿园
61	李宗仁、陈云		北长街58号			较好	中央文献研究室
62	傅作义		小酱坊胡同27号			较好	
63	侯宝林		西福寿甲19号			民宅	
64	陈寅恪		姚家胡同3号			民宅	
65	李莲英		姚家胡同7号、9号			民宅	
66	鲁迅（4）		砖塔胡同64号			民宅	
67	英敛之		西安门大街101号			较好	
68	阿拉善王		毡子胡同7号			改建	公安部宿舍
69	奈曼部达尔汗郡王		西四七条27号			民宅	
70	陈半丁		西四北六条21号			改建	
71	王揖堂		西单手帕胡同18号			较好	北京第二实验小学
72	萧军		鸦儿胡同6号			民宅	
73	肖龙友		兵马司胡同59号			民宅	
74	曹锟		小茶叶胡同33号			较好	北京市文化局所有
75	赵朴初		六部口南小栓胡同1号			较好	
76	谢枋得	江西会馆 谢枋得祠	法源寺后街3号、5号			民宅	谢枋得殉难处
77	龚自珍	番禺会馆	上斜街50号			民宅	

续表

编号	相关名人	公布名称	地址	文保级别	公布年份	保护状况	备注
78	梅兰芳（2）		铁树斜街 101 号			民宅	梅氏祖宅、梅兰芳出生地
79	谭鑫培		大外廊营 1 号			民宅	
80	王瑶卿		培英胡同 5 号			一般	原大马神庙 28 号，后人居住
81	李万春		北大吉巷 22 号			民宅	原大吉港 41 号
82	王士祯、徐石雪		西太平巷 20 号			一般	
83	萧长华		西草厂街 88 号			民宅	
84	阎若璩	太原会馆 阎若璩祠	储库营胡同 15 号			民宅	
85	施愚山	宣城会馆	铁门胡同 11 号				
86	梁诗正		杨梅竹斜街 25 号			年久失修	
87	迟月亭		百顺胡同 38 号			一般	区水利设施办公地
88	张之洞		白米斜街 11 号			一般	
89	俞菊笙、俞振庭		百顺胡同 40 号			一般	原百顺胡同后河 30 号
90	陈德霖		百顺胡同 55 号			一般	原 26 号
91	程长庚		百顺胡同 36 号			民宅	
92	余三胜		石头胡同 61 号			一般	
93	袁复礼、袁敦礼、袁同礼		南横东街 155 号			民宅	原 20 号
94	高盛麟		和平门外小安澜营 12 号			民宅	
95	张君秋		后兵马街 13 号			民宅	原兵马司后街 6 号
96	叶盛兰		棉花五条 7 号			民宅	
97	马富禄		棉花八条 1 号			一般	
98	金少山		棉花下七条 7 号			民宅	原 15 号
99	杨小楼		笤帚胡同 39 号			一般	原 20 号
100	阎岚秋		笤帚胡同 18 号			民宅	原 29 号
101	杨宝森		红线胡同 17 号			民宅	原麻线胡同 6 号
102	奚啸伯		平坦胡同 5 号			民宅	

续表

编号	相关名人	公布名称	地址	文保级别	公布年份	保护状况	备注
03	高庆奎		保安寺街 15 号			一般	原 8 号
04	吴佩孚		保安寺街 17 号			改建	宣武医院职工宿舍
05	曾国藩	增寿亭	南横东街 109 号			改建	陶然亭房管所
06	言菊朋、言慧珠		校场小七条 5 号、7 号、9 号			一般	原校场小六条 74 号、75 号、76 号
07	言慧珠		校场二条 5 号			民宅	原 3 号
08	孙毓堃		校场五条 33 号			民宅	
09	吴晓铃		校场头条 47 号			民宅	
10	徐凌霄		校场头条 19 号			改建	
11	童芷苓		鹞儿胡同 37 号			民宅	
12	李渔	广州会馆西馆、芥子园	韩家胡同 14 号			民宅	
13	袁世海		前孙公园 62 号			民宅	原 24 号
14	杨深秀	闻喜会馆	宣武门东河沿 74 号			民宅	
15	林旭	福州会馆	骡马市大街 51 号			民宅	
16	杨锐	四川会馆	储库营胡同 17 号			民宅	
17	林海音	晋江会馆	南柳巷 42 号			一般	
18	李少春		南柳巷 54 号			民宅	
19	白涤洲（1）		青塔胡同 17 号			改建	